案说管理

陈龙◎著

中国广播影视出版社

图书在版编目（CIP）数据

案说管理 / 陈龙著． —北京 ：中国广播影视出版社，2018．12

ISBN 978-7-5043-8209-2

Ⅰ．①案… Ⅱ．①陈… Ⅲ．①企业管理－案例 Ⅳ．① F272

中国版本图书馆 CIP 数据核字（2018）第 252061 号

案说管理

陈龙 著

责任编辑	许珊珊
装帧设计	盈丰飞雪
出版发行	中国广播影视出版社
电　　话	010-86093580　　010-86093583
社　　址	北京市西城区真武庙二条 9 号
邮　　编	100045
网　　址	www.crtp.com.cn
电子信箱	crtp8@sina.com
经　　销	全国各地新华书店
印　　刷	河北鑫兆源印刷有限公司
开　　本	787 毫米 × 1092 毫米　1/16
字　　数	230（千）字
印　　张	15.75
版　　次	2018 年 12 月第 1 版　　2018 年 12 月第 1 次印刷
书　　号	ISBN 978-7-5043-8209-2
定　　价	58.00 元

目录 Contents

第四章：团队管理篇

第五章：超越管理

前言

管理者的失败，因素很多，常见的原因，应该是他本人在出任一项新职位时，不能或不愿为适应新的职位的需要而改变。自认为过去做的成功了，因此满足于自己老一套的工作思路和方法，结果必然遭到失败。

——彼得·德鲁克

每一次担当新的领导角色都要求管理者本人适时调整自己，以适应不同组织的文化、制度流程、激励体系和管理风格。每一次工作环境、工作内容、工作团队的转换都需要管理者对新环境做出反应，都需要管理者开拓出崭新的局面。

事实上，今天的工作通常会让管理者忙得不亦乐乎；然而，工作做得出色的非常少，能不假思索地说出自己在紧急任务的处理上做出成绩的管理者更是屈指可数。他们感到他们不得不疲于奔命，并被问题困扰。对组织绩效的漠视只是表面现象；管理者处理不完今天的事情，因此无法关注问题本身和未来发展，这也只是表面现象。

没有深入地理解管理的相关概念，缺乏对于管理相关理论及规律的认识，产生了偏差，甚至在很多基本理论和概念上的理解上存在错误，这才是真正的根源所在。这些认识上的偏差，引发了行为的偏差，最终导致组织绩效的偏差，团队和组织在混乱和无效中工作。

很多时候管理者也知道自己处于这种境地之中，他们试图通过真实地解决这样或那样的问题让自己得到能力上的提升。然而，他们处理完一个紧急问题，又不得不仓促接手下一个烫手山芋。更糟糕的是，同样的问题反复出现，无论他们被“解决”了多少次，他们对此一清二楚。

这也就是说很多时候管理者都是依靠经验与实践来重新梳理对于管理的觉察，不仅付出了巨大的时间与精力，效果还难于保证。组织绩效低下，内部难于协同，缺乏组织文化，没有核心竞争力，制度流程陈旧，员工能力不足等问题的出现首先检讨的应该是管理者自身。

真正高效的组织应该是这样的：每一个人都可以在组织中充分发挥作用，每一个人都有能力解决自身的问题。每一个管理者都可以找准自己的角色，激励下属，辅导下属，让下属拥有绩效，获得成长。更重要的是，每一个管理者都够有效地管理行为，胜任管理岗位，保证组织的资源投入获得更大的产出。

如何快速地将管理知识系统性传递给管理者，让他们少犯错误；如何有效地将管理工具有针对性地教授给管理者，让他们做正确的事；如何差别地将管理意识启发性地分享给管理者，让他们把事做好，这就变成了管理者能力提升的三个方向。

在从事管理和教学的过程中，切实的问题来自那些有过亲身经历的人，而且在他们身上我尝试去捕捉那些我们想要得到的答案。我尝试着将这些管理角色转换过程中那些极富戏剧性的故事编纂成案例的形式，期待管理者在自身的管理过程中避免出现致命性失误，并为他们提供了极富操作性的方略。

我尝试将管理者置身于设定好的管理情景中，帮助管理者去学习如何解答各种管理难题。每一项任务提出不同的问题，每一个问题都拥有多种处理方法。我们必须要求管理者做出截然不同的选择。每一个选择最后的结局都是不同的，然而，这些方面是密不可分的。所有的这些问题必须同时得到处理。每一位管理者可以先根据自己的经验来做出判断，根据管理统计得到的结论与自身的答案进行对比，帮助管理者思考和厘清这些矛盾，并尝试找到属于“管理者自己的答案”。

管理没有永恒的答案，只有恒久的问题，更真实、更生动、更具体。答案本身的对错每一个人的认知是不一样的，我尝试建立一个标准，让管理者将经验与经典的管理理论完成一次对接，检测管理者自身的局限性，并挣脱自身局限性的束缚，同时，管理者可以审视组织和团队的欠缺，完善组织和团队。

借助案例能加速管理者学习的进程，并减少紧张和焦虑，这是每一个管理者无一幸免逃脱的。从管理的本源入手，了解上任伊始，角色转变、团队管理、计划目标、流程制度、激励辅导、授权绩效，从经典的管理工具切入，掌握目标制定、时间管理、责任管理、制度执行、激励方法、辅导工具，站在组织给你的舞台上，绽放管理者的光芒。

做最好的管理者，让我们一起为了你的出发和改变行动吧！

陈 龙

2018 年 6 月 18 日

第一章：管理序曲

管理就像戏剧演出，在精心设定好的管理情境中，每一个管理者都是演员，在解决各种管理难题的过程中，去反思和寻找最佳的管理实践。究竟如何才能扮演好自己的角色呢？或许每个人都有自己不一样的理解，其实最重要的就是能够用真心、真情实感去演绎，去追求最佳的结果。

开启你的管理之旅

当你有一天突然被宣布成为管理者，需要带领一个团队去完成目标的时候，你是否已经全然做好了准备？每个团队成员成为管理者的路径各不相同，当上管理者之后遇到的问题却惊人地相似。

我们很清楚一个事实，管理实际上是人、物、事三者的辩证关系，不同的组合就会得到不同的结果。而管理，就是确保人与物结合后能够做出最有效的事来。

然而，现实的经验却不足以保证每一个管理者都能做出合适的选择，经验和能力的不足往往会让他们产生一些思维误区。例如，抓业务才是正道，管人是浪费时间和精力的事儿；管人与管事必须分开；管人往往要消耗大量的时间等等。所以要想提高管理绩效，就需要对人、事、物三者之间的关系有一个明确的认识。

管理的目的是管事，而不是管人。

虽然我们已经习惯于将管理定义为“管人理事”，事实上，人是很难被管理的，每一个人都希望得到尊重理解和帮助，而不是被约束和管理，大家会认为机会、资源和平台才是制约他们发挥才能的瓶颈。在这种情况下，管理者除了关注人们的态度和表现之外，更要清晰地界定要做的事情和标准。

管理不谈对错。而是解决问题。

很多时候我们已经习惯了最简单粗暴式的拿来主义，甚至不愿意动脑筋思考一下为什么和如何使用。许多管理的理论在被简单照搬使用之后，证明不符合自己的团队，这种现象越来越多。管理是一门科学，也是一门艺术。管理是科学，就意味有规律可循，而之所以说管理是艺术，关键就在于我们能否理解规律背后的逻辑和使用要素，能否变动地、灵活地，结合自身的特点做出适合自己的调整就成为关键因素。

管理就是让目标和资源最大化的匹配。

组织要想发展，就必须使得每一个人的个人目标与组织目标有效地协同。很多企业的管理者每日忙于决定他们认为重要的事情，但是对于下属应该干什么、干没干、干得怎么样、还有没有更好的方法等摆在眼前的问题却视而不见。结果就是每个员工都是凭借自己对于工作的理解，凭借对于企业的热情和责任在工作，出现问题自然很难改变。

不仅如此，我们时常发现有能力的员工经常会背离组织目标的约束，而我们却不能及时发现，等到我们需要处理的时候，往往需要巨大的人际压力。我们经常会用“忠诚”或者“态度”来衡量员工的价值，事实上都是极其可笑的，其根本原因就在于管理水平不够。领导知道自己的有价的资源有限，也知道自己能力不足，所以只能靠无价的情感来满足。这样做的结果就是留住那些需要情感满足的员工，而对于需要能力发挥得到满足的员工，只能选择离开，这样的企业要想长久发展是绝对不可能的。

管理者必须学会要制定目标。

管理者要决定目标应该是什么，为了实现这些目标应该做些什么，这些目标在每一领域中的具体目标是什么。管理者把这些目标告诉那些同目标的实现有关的人员，以便目标得以有效地实现。制定目标是进行平衡：在组织成果同一个人信奉的原则的实现之间进行平衡，在组织的当前需要同未来需要之间进行平衡，在所要达到的目标同现有条件之间进行平衡。

有人说管理别人的前提是管理自己，而管理者的自我管理将伴随其个人的一生。如果站在个人的角度，要求自己每件事情都做到完美，能力最好是出类拔萃，还要具备完美个人品德的同时，还要具有强大的自我学习能力和不断变化的思维和行为模式。

事实上管理别人是不同于管理自己的，这完全是两个方面的挑战。我们一旦进入到“强人”的模式，在成为管理者时会面对更大的挑战。让自己成为优秀员工的种种习惯，反而会成为管理者路上的绊脚石。成为管理者意味着要扮演不同的角色，必须学会用全新的方式来对待工作。

调整是必需的！管理者要适应新的团队成员，适应组织的企业文化、运营程序、激励体系和管理风格。每一次工作环境和职务的转换都需要管理者对于新的环境要做出反应，都需要管理者开拓出崭新的局面。

当然管理者也不要被这些表面的现象吓坏了，相反，这事实上也意味着机会。在你面临危机四伏的境地的时刻，机会也伴随而来。当管理者的职位转换的时刻，意味着是组织最缺乏稳定性的阶段，从情理上讲，所有的可能性都是存在的，所有的变革都可能实现。

管理者必须要善于抓住这稍纵即逝的机会。人们盼望着一位新的管理者能对组织实施变革，并且会给他们适度的时间做调整。管理者在最初的三个月的决定，不太可能受到质疑和责难，无论是组织外部还是内部，因为人们都怀有这样的预期和假设：新的管理者当然要做一些与众不同的事情。在这个阶段中，组织任命带来的红运会让管理者具有足够的权威和资源，对于其所扮演的角色给组织带来的成果事实上不是最重要的。

当你开始扮演管理者的角色的时候，你就已经站在了前台，你的任何一个决定和决策过程都会给管理者贴上明确的标签，是鲁莽轻率还是目的明确，是果敢坚决还是优柔寡断。你的行为模式、谁与你共同进行的讨论、你的决策过程，人们会不自觉地对管理者进行甄别：是胸襟开阔还是独裁专制，是广开言路还是任人唯亲，是富有远见卓识还是谨小慎微，是团队利益优先还是自私自利，所有的这一切，很快就会变成管理者个人的“资产”。管理者的一切表现和印象，既可以激发大家的忠诚和热情，也可能造成员工的冷漠与对抗。

每个管理者上任的过程就是一个重塑的过程，就像是一张白纸。当还留有很多空白的时候，我们可以任意塑造，你可以将他打造成任意的形态。伴随着管理者的一举一动，我们开始在白纸上不停地描绘，等到绘画完成的那一刻，修正任何错误的时间成本、精力成本和资金成本都会大大增加。

在你还懵懵懂懂的现在，事实上你已经开始打开属于你自己的管理之旅的画卷。

转变管理者的思维

成为一名主管究竟意味着什么？对于一个优秀的团队成员而言，职务的晋升即意味着是对过往工作的一种肯定，也意味着新的挑战应运而生。虽然我们很多时候无时无刻地憧憬着这个时刻，等到任职通知下达以后，依然会被很多问题困扰，我们也都知道，很多道理即使别人善意地告诉你，在你还没有真正面对之前，你是不会真正在意的。新经理面临的最大的挑战是什么？如何完成组织设定的目标？如何管理好团队？应该怎样调动资源？如何应对人际关系和矛盾？……这一系列的问题都将困扰着我们！

事实上，当上管理者以后你才发现，原来你想象当中管理者的“轻松”“随意”“威严”“权利”瞬间都变成了泡影，在你身上真实发生的远比预测的要差得多。

伯劳鸟的启示

我有一个叫 David 的朋友，极其喜好登山探险，事实上他目前从事和操作的就是在中国做登山教练和救援的项目。偶尔我们也会坐在一起畅谈人生的经历与感悟，其中他给我分享的一个故事到今天依然给我极大的震撼。

David 去攀爬过很多山，其中非洲最高峰乞力马扎罗就是其中的一座。乞力马扎罗是由三座山峰组合而成，最高峰基博峰海拔 5892 米。前往乞力马扎罗的大本营如果选择马兰古路线，在汉伦博营地（3720 米）到基博营地（4700 米）的路途中，会经历 15 公里的高山荒漠。路途中偶然间发现在远处的荒漠有一片枯树林，密密麻麻停满了鸟，有几万只之多，鸟群起起落落就像黑色的云朵一样，极其震撼。就在大家唏嘘感叹的时候，当地的向导告诉他们说这是伯劳鸟，由于羽毛都是黑色的，当地人也称它们为黑伯劳。

据说向导也是一位有名的登山家，很幽默。他告诉大家伯劳鸟停在树上是有规律的，是层级非常清楚的。根据每一只鸟在鸟群当中的地位，“首领”可以停在树的最高处，而一般的“新手”“菜鸟”只能停在树的最下端。

这不就是组织当中的金字塔结构吗？高层最高，中层中间，基层下面。

这时候，向导就问大家：你们猜一猜，为什么对于伯劳鸟而言，鸟群当中的“首领”喜欢停在树的最高处？

也许是我们受的教育方式不同，加上 David 从事相关的培训管理工作，很容易就想到了“早起的鸟儿有食吃，笨鸟先飞”的话语，向导听了David的回答，感觉非常有趣。等到 David 听完向导的答案才发现，思维的方式完全不同。

向导告诉大家，对于伯劳鸟而言以这样的方式停在树上，其实是由一种自然现象来决定的，小小鸟类，五脏俱全，停在树上休息的时候，也需要拉屎撒尿。停的位置越高就越没有被“淋”的风险，停的位置低只有“被淋”的份儿，没有“淋”别人的机会。

这里的“淋”，我们可以理解为管理者或者是组织的“撅腚”（决定）。有很多朋友说，在现实的组织中，好像向导的答案比我们的答案更有用处！有朋友说，你看见上面的鸟要做“撅腚”，你不会闪开吗？一看就知道是“新手”“菜鸟”。真正经验丰富的，一看上面的鸟要“撅腚”，拉着架势就准备“接”，“接多”“接少”是水平。接得太多了，翅膀被污染了，飞不动，饿死、渴死在荒原里。还不能接得太少，有的时候一点也没有接到，也不是什么好事！上面的“鸟”一看，就你聪明，没过几天把你的毛给拔干净，折磨死你。真正经验丰富的，不但要接，还要接上一点，多少、力度和分寸，显示了他的能力与水平！

现实是残酷的！听完这个故事，朋友们都觉得很有意思，一查资料，发现鸟类学家对于伯劳鸟还是有一点研究，原来它们停在树上是有规律的。经过研究，停在最下端的伯劳鸟从外形上看都相对高大、强壮和肥硕；而停在树中间的伯劳鸟从体型上看都相对矮小、瘦弱和纤细。

都是一群鸟，都在一起吃东西，为什么会这样？正如上面的结论，原因就在于位置决定一切。停在树最下端的伯劳鸟，由于每天都被上面的鸟“淋”，时刻面对翅膀被污染的侵扰，它要想活下来，就必须在被“淋”完了之后，还要能够飞得起来，飞得动！没有别人能够帮助它们，它们只有自己才能救自己。

当然停的位置最低，也不是一无是处。它们低头一看，身下已经没有“同伴”了，这就意味着他们先天就有一项权利，想吃就吃，想喝就喝，想拉屎随时可以“撅腚”。喜怒哀乐都写在脸上，随时可以发牢骚、抱怨和发泄心中的不满。

如果我们强制地与管理学的理论相关联：在一个组织中，我们对谁谈能力，只对基层员工谈能力，希望他们提高专业能力、承担能力和容忍能力；我们对谁谈态度，只对基层员工谈态度，希望他们保持正向的、乐观的、积极的、主动的、责任的、奉献的、精益的工作状态和意愿。

为何停在树中间的伯劳鸟相对就变得矮小、瘦弱和纤细，原因依然是位置决定一切。处于中间的位置，让它能够真实地体会到被“淋”的感觉，它自然就可以了解其中的滋味、痛苦和煎熬。它低头一看，身下还有自己的同伴，即使是对一只鸟而言，它也天天想着尽可能要少“撅腚”不“撅腚”，每次排量少一点、频率低一点，尽可能减少对于身下同伴的伤害。怎么样才能做到这些，事实上只有“少吃”才能做到这些，不仅仅是一顿少吃，顿顿都需要少吃！管理者和员工很大的一个区别就在于一旦组织赋予你相应的资源和权责，你就要做出积极的自我约束、控制和调整，这里面包括情绪的控制、人际的改善、工作方式的转换，等等。

很多时候管理者一开始的时候是意识不到这些的，一旦你不能做出控制，尤其是对组织中遇到的问题，不能给予正向积极的回应，还维持原有的方式，你的消极被动会给组织带来更大的伤害。

在真实的组织中，基层向中层反映问题，寻求支持，中层管理者听到了下属的呼声，他明明清楚问题，也知道解决问题的方法，仔细一想，自己要资源没有资源，要空间没有空间，总是觉得缺乏足够的支持让自己可以放手去干。于是，很多中层管理者直接将问题向上汇报，类似这样的想法在很多管理者心中都有，他们心想如果把问题反映给高层，由高层借助组织的权势和资源，由上而下地推进解决问题，速度更快，效率更高，同时自己可以最大化地降低工作的强度。结果事实上是可以预期的。伯劳鸟的故事告诉我们，如果我们动辄就希望由组织的高层来帮助基层解决基层的问题，绝大多数时候，我们会失望，因为高层“毫无作为”！原因也很简单，你把问题传递给了高层，他从来没有被“淋”过，他无法体会基层的痛苦与绝望，自然推进解决问题的强度和迫切程度就会大大降低。即使高层真的来帮助基层解决问题，我们又会发现，他们解决问题的方法和效率要远远低于预期。

那么真实的情况是什么？鸟类学家发现凡是能够停在树最上端的伯劳鸟，通常都会具备一种本领，它们在飞行的过程中，就能够排泄，这时候它的消化系统、内分泌系统就会受到重大损伤，通常具备这种能力的鸟，寿命比其他的鸟都要短很多。有朋友总结到：怎么样才能在组织中当高层？别人都在干的，别人都会干的，你不干；别人不会干的，不敢干的，你敢干；天天把刀架在自己脖子上，天天想着早死的人就可以当高层。高层具备的不仅仅是能力，更多的是胆量、预见性和勇气。

故事总是充满了演绎，真实性多少已经不重要了。故事背后传达的概念却很明确，每个人在组织中的层级不同，组织对于你的要求是不一样的：对于高层而言，做正确的决定就是对组织最大的贡献；对于中层管理者而言，主动积极地控制，主动积极地推动问题的解决；对于基层而言，不断提高专业能力，不断培养和维持良好的工作意愿。

新管理者的这种学习与成长很多时候就是在自己的工作任务中，随着每天遇到的问题和在与人接触的过程中学习，有的时候自己可以意识得到，很多时候他们是意识不到的，这种学习就是一点一滴，循序渐进的。当然依靠经验的积累同时又是漫长的、痛苦的过程，这就要求管理者重新认识自己和改变自己。

新官上任表面风光，事实上可能是难以言表的时光，其中的滋味只能自我品查。

案例概况

公司背景

新华集团是一家机械加工与制造的厂家。在市场竞争日益激烈的情况下，新华公司做出了从单一产品生产向多元产品研发转变的战略调整。

张伟是新华公司生产部门的一名骨干员工，入职已经 7 年，他的专业能力强，工作认真负责，平常乐于助人，与同事关系不错，领导也比较喜欢。

新华集团决定成立产品研发部，以应对客户的需求和市场的挑战，通过竞争上岗，张伟走上产品研发部主管的职位，管理的挑战随之而来。

集团相关管理人员：

马建国：副总裁，分管生产、研发、人力资源，分管产品研发部

徐建平：生产总监，负责生产计划，产量、质量、安全等工作

吴秀英：销售总监，负责营销、品牌、销售管理等工作

陈敏：财务总监，负责财务、税务、审计等工作

柳岩：人力资源总监，负责招聘、培训、考核、薪资等工作

产品研发部：总计 10 人

张伟：研发部主管，中基层管理者

刘洋：工龄 11 年，中专学历，业务能力很强，不擅长沟通交际

吕丽娟：工龄 9 年，硕士学历，专业能力极强

李娜：工龄 7 年，大专学历，善于沟通表达，人缘不错，能力一般，快乐的马大哈

杨杰：工龄 5 年，大学本科，技术骨干，肯于钻研，上进心强

邓超：工龄 4 年，中专学历，能力一般，工作意愿一般

丁春梅：工龄 4 年，大学本科，张伟的徒弟，关系不错，已经独立胜任

工作岗位

胡波：工龄3年，中专学历，吴秀英的侄子，目前属于流离状态

王芳：入职2年，中专学历，当地人，能力一般

黄明辉：入职1年多，研究生学历，部分工作已经能独立上手

周凯：大学本科，入职三个月，目前还不能独立胜任岗位工作

角色扮演

不要去羡慕别人的人生，你看见的，并不是他们经历的所有。你只羡慕他们的光鲜外表，却看不到他们为此付出的代价和努力。

生活不是一定要有惊天动地的情节，才叫精彩。每个人都在演以自己为主角的偶像剧了，在这场戏里，你的角色与戏份没有人能够取而代之。

—— 方文山《独一无二的偶像剧》

您现在就是新任的研发部的主管张伟，接下来您将面对的就是一系列的管理难题和考验，通过经历多个管理难题，直奔管理的四大目的：RMCS，即团队业绩（Result）、团队士气（Morale）、团队能力（Competence）、流程系统（System）。请读者进入故事主人公张伟的世界，面对他面对的烦恼，面对一个接一个的管理难题，来自上司、属下、同事、客户……通过趣味盎然、激烈竞争的选择，让每一个读者都能轻松愉快地投入到管理的实战练习中！

第二章：角色转换篇

如果把企业比作一棵大树，管理就是它的枝干。如果大树的枝干不够坚固，即使大树能够“开花”“结果”，“花”和“果”也会随之飘落。只有将管理概念、体系、态度、矛盾、关系、行为有效梳理，管理者才能更好地胜任角色并接受各种挑战与变化。

案例 1：新官上任

张伟作为产品研发部的主管，主要的职责就是承担转型的技术研发、落地与推广。张伟手下有 10 位员工。刘洋，资格最老，业务能力很强，人际交往略有欠缺；吕丽娟，学历高，专业能力极强；李娜，与张伟一同进厂，善于表达，是个快乐的马大哈；杨杰，技术骨干，肯于钻研，上进心强；邓超，入职 4 年，长进不大；丁春梅，张伟的徒弟，关系不错，已经独立胜任工作岗位；胡波，中专学历，吴秀英的侄子；王芳，入职 2 年，中专学历，工作意愿不强；黄明辉，入职 1 年多，研究生学历；周凯，入职 3 个月的新员工。

他们各有各的想法。张伟应该如何走出第一步？

做法 A：

1. 首先要建立自己在团队的威信，否则将无法领导团队。建立威信最重要的方法，一是规范每个人的工作责任，严格管理制度；二是以身作则带领大家。

2. 团队管理从一开始就必须奖罚分明，才能上行下效，令行禁止。

3. 要做到这一点，就要争取上司马建国支持自己。因此，要和马总沟通自己的想法，得到他的支持和理解。

做法 B：

1. 首先要了解大家的想法。同时将自己的想法和员工沟通，争取得到骨干员工的支持。

2. 在有了一定的相互沟通的前提下，引导大家集体讨论建立“研发推广部”的真实价值，以及如何才能最大化体现团队的价值。

3. 自己尽量做一个协助者、帮助者、支持者。

4. 不急于规范管理和建立制度。可以在一项任务完成的过程中和大家一起建立和完善管理制度和工作流程。

做法 C：

1. 应该召开一个团队会议，让大家清楚团队的使命和当前的任务。要让领导马总参加这个会议，这样的话从领导嘴里说出来，可以让大家更加重视团队工作，也是对自己的支持。

2. 要和员工多接触，保持良好的关系。特别是要和刘洋、吕丽娟多沟通，打消老员工的抵触之心。

3. 奖罚分明是必需的。但要得到领导的支持，用领导批复的形式让大家知道。可以让大家根据制度来背对背评议。自己担任裁判的角色。

4. 对员工多辅导、多提建议，不必凡事亲力亲为。

做法D：

1. 为了凝聚人心，首先组织一次户外团队建设活动。争取把团队建设做得更贴近80后的年轻人。

2. 再认真考虑清楚最重要的工作有哪些，做到自己心中有数，否则是无法领导团队的。

3. 要确保将任务清晰地分解到每个员工，并告诉他们各项任务的完成质量和时限。

4. 当员工在业务上遇到难处时，自己应该马上帮助他们解决问题。

5. 初上任，并不是自己想建立威信就能建立的。因此在一开始的时候，以德服人、以能力服人，是现实可行的方法。

统计表

	A	B	C	D
您的排序				

现在我们给您提供了做法A、做法B、做法C、做法D四种不同的管理方式，每一种做法都是由若干的管理动作组成的，而且每一种做法中，可能有您喜欢的行为，也有可能有你并不认同的动作，现在不是您做最佳动作选择的时候，而是根据您的经验、价值观、做事的方式，总之，要求您按照您做事的方式，综合评估出哪一种做法更符合您的要求，给四种方法排序。

• 1.1 团队绩效模型

"新官上任三把火"已经是自古以来做管理者的常见做法。每个人做管理工作的思路和具体管理团队的办法有所不同。张伟作为一个马上要接管一个新的团队的管理者，总需要有一些管理的理念，到底从何处入手。

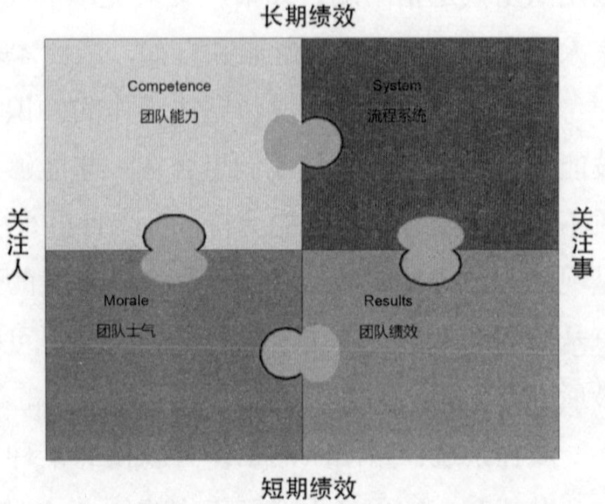

摆在管理者面前的首要任务就是认清管理的复杂性。目前张伟面对两个维度的挑战，一个维度我们称之为人，这就是我们通常所说的团队导向、关系导向。要想获得成功就要重视、理解和引导一个最复杂的体系——人。另外一个维度我们称之为事，这就是我们通常所说的任务导向、结果导向。通往成功的道路往往是需要方法、技巧、资源和工具的支持，如果你不能达成组织交给你的任务，你的职位是不会稳固的。

如果将团队管理的目标加上长期和短期的划分，管理者的工作内容就强制分成了四个部分，分别是团队业绩（Result）、团队士气（Morale）、团队能力（Competence）、流程系统（System）。

团队业绩：团队业绩是组织和领导想要实现的，对于中基层管理者而言往往是刚性的，是上级考核你的团队指标。例如，销售团队的业绩是销售指标，生产团队的业绩是产量和质量，人力资源部门可能是员工的满意度，等等。这个业绩必须由一个团队共同完成，即使你的组织非常具有人性化和开放沟通的环境，这些指标调整的空间是有限的，对于中基层管理者而言又往往是被动的，等到组织和领导与我们协商的时候，基本上就已经确定了。

团队士气：指团队的员工在工作中是否是自己自愿地工作，是不是能够带有激情和热情去工作。高效的团队在遇到工作中的困难时，会迎着困难上，发现问题解决问题。没有士气的团队会抱怨，会用许许多多的客观理由来解释为什么没有完成工作。但是团队的激情和热情往往是会随着时间递减的。谈到团队士气，最容易让管理者迷失的是，团队士气的主体到底是谁？很明显团队士气是指下属，如果广义来说，士气是让下属、客户、上司、朋友、家人感到开心、满意、舒服和自如，最后才是管理者的自我感受。

团队能力：指团队成员完成工作的知识与技能。每个团队成员的知识和技能不一定一样，但是他们组合在一起能够最好地完成团队的任务。工作性质不同的团队有不同的能力特点，同时也有一些通用的能力，例如沟通能力、呈现能力、协助能力。在这里与团队士气的不同之处在于，团队能力的出发点是管理者自己，首先看自己的能力是否可以发挥，然后才是下属的能力，最后上升到团队能力的构建、提升和应用的过程当中。

流程系统：指团队的工作可以按照某种方法、流程、形式重复地完成工作，并能在一定程度上保证工作的结果。例如，一个售后服务团队为了提高解决客户现场问题的效率，建立一个检查故障的流程，最大化地解决问题。一个 HR 团队为了提高沟通的效果，想一些视觉提示的方法在醒目的地方提醒员工。这些都统称为系统流程。系统流程有三个特点：第一个就是匹配性强，第二个就是可控性强，第三个就是干扰因素少。

• 1.2 管理者的认知转变：从个人绩效向团队绩效转变

很多新任的管理者一不小心就会陷入团队绩效的“麻烦”当中，又想干出成绩，又想证明自己，就将所有的精力都投入到关注短期、关注事的团队绩效中去。亲力亲为、急功近利、刚硬直接、严明奖罚等的管理行为会越来越多，很快管理者就会发现，团队成员不好管，大家的想法与他是不一致的，不是每一个都想做好，而光靠自己一个人的力量又无法完成团队的业绩。管理者必须清楚地知道团队业绩的被动、刚性和团队性。团队业绩就是数字，就是一个结果，如果我们被结果束缚，为了结果而结果事实上是徒劳的。

管理者要完成的第一个转变就是从管理者个人绩效向团队绩效做转变。

管理者要想提升团队业绩，真正的抓手不在结果本身，事实上应该将精力放在过程当中。

管理者要将工作的重心首先放在团队士气上，了解团队成员，建立部门的友谊，管理好自己的情绪，让员工建立信心，逐步获得员工的信赖，善于倾听，善于对员工实施正向的赞赏，关心下属，与上司搞好人际关系，等等。

我们要让下属对于工作有信心、有热情、有想法、有活力，建立开放的、平等的、鼓励的工作环境，让大家想干、愿意干，甚至管理者和下属的亲近疏远都是士气的一部分。

管理者要想出成绩，还得依靠团队能力。管理者要基于自己对于工作的理解，尝试着找到达成工作的方法，管理的权威性很多时候来源于方法和能力，即使我们无法做到专业的第一名，我们也要达到平均能力以上，了解下属真实的水平。通过会议、沟通、分享、交流、培训、师父带徒弟、外派学习等各种方式提升自我的能力、下属的能力，最终实现团队能力的提升。

做正确的动作，少犯错误，本身对于管理者而言就是非常重要的。管理者要找到一种方法，复制能力、复制流程、复制方法，让资源最大化地匹配，应对各种风险和变化，从而保证结果的可控。

管理者之所以称之为管理者，事实上就是单纯依靠自身的能力、精力和资源已经无法完成组织给他的任务和目标，必须依靠下属和团队才能完成任务，所以一定要放弃只依靠自身的模式和想法。

管理者要非常清醒地知道，没有过程就没有结果，我们只有把中心和重点都放在过程上，激发团队士气，提升团队能力，优化系统流程，团队业绩才可能达成。运气有的时候会欺骗你，不要总是相信运气。结果是建立在可控的过程管理的动作和过程中，要想改善绩效至少在团队士气（Morale）、团队能力（Competence）、流程系统（System）三个方面，有一个方面要做出特色和特点。

• 1.3 管理者的认识失调

管理者的主要职责就是领导团队产生业绩。每个人的行为是由动机和行为组成的，管理者对于工作的满意程度来源于对自我的肯定。这种意愿可能是由多种因素造成的，从报酬激励逐渐转换为多元激励，从关注内在心声转换为追逐自由、挑战和动机，从被管理转换为自我成长，从一味服从转换到为利润和自我的实现，等等。意愿决定了我们能够付出多少努力。行为是我们为了达成某种结果，选择的方法和策略，实际执行过程当中的动作。

如果我们实际选择的行为，执行过程中发现与我们最初的动机、价值观、潜意识和良知不相符合，甚至发生冲突，我们的内心就会出现冲突、矛盾和斗争，这种现象我们称之为“管理认知失调”。

造成管理认知失调的原因有很多，对于管理者而言是对管理本质熟悉的过程，了解了这个过程，管理者才更容易在矛盾中做出恰当的选择。

造成认知失调的第一原因就是管理的逻辑错误。很多时候我们已经习惯了直接针对团队业绩的结果式的评判，而忽略了没有过程就没有结果的先后顺序。这就要求管理者回归管理的初心，从团队士气（Morale）、团队能力（Competence）、流程系统（System）三个方面着手做好管理工作，既不要好高骛远，又不要急功近利。在案例 1 当中，究竟哪一种做法更好，我们希望大家从最初的结果判断，变成从团队士气（Morale）、团队能力（Competence）、流程系统（System）三个方面评判，可以让管理者变得更清晰和明确。

造成认知失调的第二个原因是管理的矛盾心理。我们在判断“好坏”的过程中，总会有一个标准，实际在比对的过程中，我们又容易混淆这些举措，从而产生自相矛盾的想法。如果单纯按照团队士气的维度，做法 D 的士气是最高的，我们给予 4 分，那么做法 A 的士气是最低 1 分，按照基层员工的原始感受我们针对 ABCD 的排序是 1324，这是符合大家认知的。如果站在能力的维度，做 D 的能力会不会低到 1 分，也就是说这几个选项当中是最差的，答案当然是否定的，一定不会。哲学家总结的是成功会掩盖矛盾，失败会将小的矛盾进行放大。

造成认知失调的第三个原因是管理的平衡。管理者开始多维度、多任务管理的过程中，总期待每一项工作都能够做得出色，事实上我们的精力和资源是有限的。我们可能会因为新职位而亢奋，并由此焕发了激情和自信。这使得我们在做决策的过程中，不愿意或者不相信他人的建议，并坚信自己是正确的，容易犯下简单的错误。

过度依赖于原有的经验或者运气使得我们面临更多的团队内部的挑战。仔细倾听，在你的过去和未来之间求得平衡的艰难的过程。过去，在大部分情况下，你都有正确的解决方案，这也是你得以重用的原因。现在，你必须提出问题，而不是直接给予他人解决方案，要调动他人完成任务。你必须为那些与你协同帮助的人提供帮助，要考虑不同的盟友，组织的很多问题会同时困扰着你，你要学会控制情绪，找到这些问题和要素之间的关系，积极地倾听，你的工作难度无疑比以前大得多，你面临更大的失败的风险。

案例 2：四面楚歌

张伟被提升为产品研发部的主管后，加倍努力工作。为了保证部门的整体业绩，张伟比以前更加努力。不仅自己表现得更加勤奋，他努力使团队成员去完成组织设定的部门目标。很快他发现副总裁马建国越来越不像以前那样满意他的工作了，每次汇报工作，马总总是提出很多要求。和同事的关系也不像以前那样正常了。渐渐他感觉到，当一个管理者并不像他开始想象得那么简单，不是仅仅努力工作就行了。

做法 A：

1. 张伟发现马总什么样的工作都给自己干，天天忙得焦头烂额，很多工作还没来得及做完，就有了新任务。

2. 和生产总监徐总的沟通越来越难，只知道给任务，又不给资源，目标又高，支持力度又不够。

3. 下属的能力参差不齐，能力差的工作干不了，能力强的又不好安排，又没有奖金等方法调动大家的积极性。

4. 张伟发现真的是当“官”有时候还不如当小兵，干完自己的工作就可以了，现在还得为团队的绩效负责。

5. 混吧，熬一天是一天，实在不行，就只能自己加班加点的干了吧，谁让自己是个“领导”呢！

做法B：

1. 马建国多次提醒张伟，要调动下属的力量，领导者要学会用人。

2. 张伟也知道光靠自己的力量是不够的，最近他准备通过强化制度管理和奖惩制度来推进工作的进行。

3. 正好王芳的工作出现了部分问题，借着收拾王芳给自己树立威信。

4. 张伟还是觉得如果马总愿意帮忙，直接命令吕丽娟和刘洋负担一些工作，自己的压力会小很多。

5. 以前大家都是老同事，办公室说说笑笑的，现在慢慢变成了上下级，好像大家都不喜欢自己。

做法C：

1. 张伟一下子感受到了巨大的压力，工作内容和任务多了很多，光忙碌是不行的，要规划一下目标。

2. 最近的工作分管的马总总是不满，要求比以前高了很多，张伟认为要调整好自己的情绪状态，每件事都希望比以前做得更好。

3. 张伟意识到光给马总汇报问题是不行的，如何解决问题是关键，工作方法很重要。

4. 张伟私底下与同事单独聊聊，一方面寻求大家的支持，另外一方面希望得到更多的思路。

5. 以身作则很重要，身先士卒，团队氛围要好，今晚加班不妨请大家一起吃个工作餐吧！

做法 D：

1. 张伟刚刚又被马总批评了，工作也确实没有干好，张伟也是没有办法。

2. 张伟与丁春梅和杨杰关系不错，他们表态一定会支持张伟做好工作。

3. 吕丽娟能力强，资格老，很多工作也不能让她干得太多，现在她嘴上不明说，事实上已经不满意了，还是得安抚一下。

4. 刘洋和邓超是下一步工作的重心，如何把他们维护好是工作推进的关键。

5. 开个部门会议吧，一方面说说工作的现状，找找解决问题的方法，一方面鼓励和安慰一下大家，建立平等、主动、积极的工作氛围是很重要的。

统计表

	A	B	C	D
您的排序				

• 2.1 管理行为选择

管理者需要协调各方面的期望，最终为积极的变革创造条件和环境。而研究表明，管理者自身管理行为的选择对变革成功与否的影响力是巨大的。为取得成功，管理者必须克服组织由来已久的惯性，包括自身的行为习惯，从中迅速地跳离出来。

事实上，每当管理者遇到一个问题、挑战、刺激或者麻烦的时候，管理者都会尝试做出一种行为、动作或者反应加以应对，很多时候这种动作的产生是依据管理者的能力、价值观、处理问题的方法、过往的经验，瞬间就完成的。

很多人认为这里面没有什么规律或者原则。其实不然，管理者的每一个动作，事实上都是一种选择，这种选择是一种态度、情绪或者说是一种原则，这种原则是有规律的。心理学家和管理学家通过研究，验证了这种选择源于四个维度，分别是自我意识、想象力、良知和独立意志。

首先我们来看第一个维度：自我意识

自我意识是管理者状态的一种描述，是管理者对于困难的一种认识，代表着处理问题的态度。

如果我们按照主动、被动和积极、消极四个维度来画一个波士顿矩阵，每一个管理行为都会被标定为四种模式中的一个。

管理者处于消极被动的时候，日常管理的行为是：

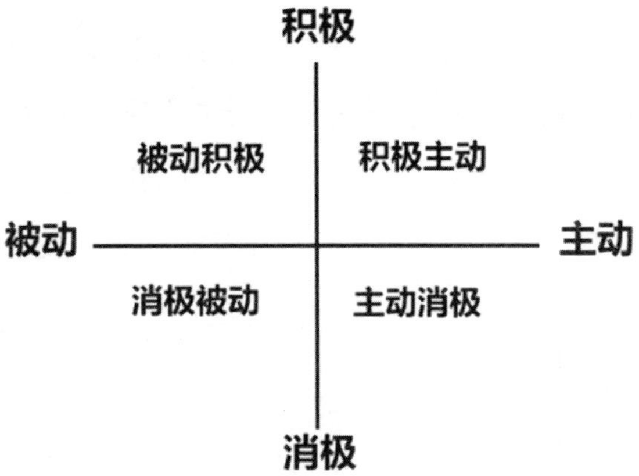

1. 我已无能为力
2. 我就是这样一个人
3. 他使我怒不可遏
4. 他们不会接受的
5. 我被迫……
6. 我不能……
7. 我必须
8. 如果……

如果管理者处于主动积极的状态，可能会出现的做法是：

1. 试试看有没有其他可能性
2. 我可以选择不同的作风
3. 我可以控制自己的情绪
4. 我可以想出有效的表达方式
5. 我能选择恰当的回应
6. 我选择
7. 我情愿
8. 我打算……

管理的残酷性就在于，管理者很难长期处于消极被动的状态，即使没有外部的监督和检查，管理者也不会选择这样做，因为他们自身也会觉得不合适。事实上，持续的消极被动甚至会危害他们自身的健康，每一个人都深深知道这些事实。

管理的矛盾还在于，我们明明知道主动积极是组织和团队希望我们产生的行为，然而受制于团队内部、外部、资源、矛盾、人际、利益等的冲突，如果我们真的这么做，我们会受到很多冲击或者说伤害，付出得不到回报也许不是可怕的，我们看到的是能力越强，干活越多，回报不多，风险却很大，甚至有受到更大伤害的危险。

有的时候管理者自己也会想不清楚为什么会这样，我们尝试着去面对，当无力去改变这些的时候，我们选择了另外的状态。

其中一种可能就是主动消极。这本身是一种妥协或者避让，消极代表没有目标，或主动降低目标和预期，接受现状，无奈地适应，被动地接受，这些都是真实存在的。当拼杀、冲刺之后，管理者会受到内部外部的挤压、打击、伤害，如果转换到主动消极的状态中，自我安慰一下，调整一下，放松一下，这些我们都是完全可以理解和接受的。不经意间，管理者突然觉得好像主动消极是理所应当的，不是自己不努力是外界环境太残酷，在内心中，他接受了这种状态，甚至认为这就是主动积极。在这个时候，管理者的内心变得异常脆弱，也不能听进去外部的进言，动辄就拿自己的过往和环境开脱。偶尔处于主动消极是正常的，是合乎情理的，但长期处于这种状态而自己不能觉察的时候，这才是对于个人和组织最大的伤害。

另外一种状态就是被动积极。积极代表有目标，被动代表没有意志力，不能坚持或者缺乏有效的行为和过程。很多人在工作过程中都希望能通过一些公司或国家认可的资格或等级考试，一方面是专业上的提升，另外一方面为职位的晋升和收入的增加带来更多的可能。目标明确和清晰，这就需要在工作的闲暇休息时间，要拿出时间，专注地用于这些方面的准备和学习。很多人只是一心想着，嘴上说着，有点时间不是放在休息上，就是生活的牵绊，杂事的影响，一直不能专注，一直没有行动，等到该考试了，突然发现目标很难完成。一时的乐观、工作的激情、十足的自信都是管理者很好的情感修复的方式，如果没有意志力、没有了坚持、没有行动，这些想法终究还是不能实现。

对于每一个管理者而言，保持正确做事的价值观是很重要的，每一个管理行为背后都代表着一种态度，卓越的管理者经过短暂的调整，能够从主动消极和被动积极快速觉察，再次回到主动积极的状态当中，迎接现实的挑战。这个标尺是隐性的，就在每一个管理者的心中。

真正的光明绝不是永远没有黑暗，只是永不被黑暗所掩蔽罢了。卓越的管理者绝不是永远没有卑下的情操，只是永不被卑下的情操所屈服罢了。所以在你要战胜外来的敌人之前，先得战胜你内在的敌人；你不必害怕沉沦堕落，只愿你能不断地自拔与更新。

第二个维度：想象力

约翰 · 梅斯菲曾说："人类的肉体是不完全的东西，人类的心也不值得信赖，然而，人类的想象力却是使人类卓越的动力。"

今天比以往任何时候都更需要幻想、梦想和预言，即对潜在的明天的想象。想象力将赋予管理者巨大的创造性。想象力比知识更重要，因为知识是有限的，而想象力概括世界上的一切，推动着进步，并且是知识进化的源泉。

每完成一项任务，你不妨想想这件事都有哪些利益相关方，你不妨问问自己可不可以调集更多的资源，可不可以让更多的同事和客户参与，可不可以让领导更重视一点，可不可以让流程更优化更富有弹性，还有没有更好的

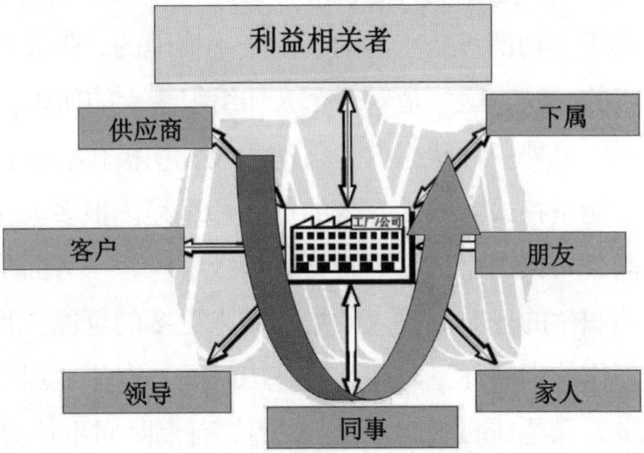

模式，能不能搭建新的平台，把事做大，把事做好！很多时候，想象就是深度。没有一种精神机能比想象更能自我深化，更能深入对象，问题到了最后阶段，便遇上了想象，所有的事情都隐藏着改善和提高的空间，这取决于管理者是否愿意打开你的头脑、视野和格局。

第三个维度：良知

管理者的职责就是完成任务，解决问题，满足需求，围绕着这些矛盾，开展各项工作。做一个管理者，尤其是一位新任管理者，他必须想办法要证明自己，证明自己胜任的唯一就是结果。管理者必须面对各种不同的、模糊的职责，并且卷入纷繁的关系矛盾斗争中，日常工作充满压力、忙碌且碎片化，这些都是过程中要面对的，只有管理者自己才知道。

如果说没有人关心你是如何完成组织任务可能太过于绝对，组织不相信眼泪，组织和高层不会因为一个管理人员拥有良好的管理动机，也做了很多管理的尝试和努力，流了很多的血和汗，而宽容他给组织带来的损失。一个员工可能在组织中得到的谅解，但当你变成管理者以后，突然消失。未来，对于管理者而言，最后你只需要告诉我，任务完成没有？问题解决了没有？需求满足没有？如果是否定的答案，你就不用解释了，所有的责任和后果你必须学会背负和承担。

第四个维度：独立意志

独立意志是管理者以“自我”为中心的。它表现为管理者持续克服环境对象的阻力或诱惑力的耐性。独立意志越强，管理者证实自己能力发挥的空间就越大，从而最大可能地促进产生有效快速的行动。

在现实组织中，管理者要不断强化以自强为中心的自尊、自信、自律和自爱的个人品格，这在客观上使个体的独立意志得到了最大的强化。降低对于外界环境、资源、人际的依赖，从自身现有的能力、资源和动作入手，从小事做起，从行动做起，从可控的原因开始逐步解决，只有解决了一个又一个小问题，大的矛盾才有解决的可能。

我们也可以用斯蒂芬 · 科维的影响圈和关注圈来解释。个人能力能影响的事组成的就是影响圈，个人关切的事组成关注圈，在圈外的事就是“事不关己”了。有了这样两个范围的划分，那么我们在面对问题和困难时，就可以选择我们的处理方式：在我的影响圈里发生的问题，我一定努力解决，反之，我既然无力解决，那么，我也不要抱怨。

如果事情已经发生，我们可以选择的就是我们的态度。强调关注圈和影响圈的目的在于：不论是公司还是个人，如果你把关注圈的事情当作影响圈来考虑，而你又无法对其产生影响，那么最终你会发觉，你总是在受伤害。

关注自己该关注的，然后影响自己可以影响的，你会发现：总是注意自己做得不好的地方，并想办法改进；总是将注意力放在自己能想办法解决的范围；总是先寻求自己的改变，从而带动别人改变；自己和别人都会觉得你越来越乐观；你的能力会越来越强，影响圈会越来越大。

而过分关注自己不能影响的事物的人，他们则是另一个面孔：总是注意别人做得不好的地方；总是将注意力放在自己不能解决的范围；总是希望别人先改变，自己才改变；自己和别人都会觉得你越来越悲观；你的能力会越来越弱，影响圈会越来越小。

● 2.2 管理者的心态转变：从感性模糊向理性清晰转变

规范管理者自身的行为

你不可能未卜先知，你不可能告诉员工会遇到哪些问题，你不可能教会下属所有穷尽的方法，管理者必须明确做事的原则，自身必须遵守和践行这些条件。

你的下属必须知道，管理者的工作标准是什么，如果你的工作标准过于模糊，你的员工将会按照自己的模式去工作，团队的混乱就在所难免了。你要尽可能地将员工的每项工作明确标准，利用这些要素去衡量员工的表现。管理者不能根据假设行事，认为只要没有矛盾，员工的表现就没有问题，事实上并不是这样。

你的一言一行都将被放大，结果未能完成一定会归结到管理者的专业能力不足，团队成员的矛盾很快会和你的性格缺陷挂钩，资源和利益的不均马上就和你的品格狭隘相连，自我约束和控制，在这个时候有了深刻的含义，不再模糊。

你下属的表现，你所持有的态度很重要。刚刚接手团队，你必须表明自己的态度，让所有的团队成员知道，你对他们的期待和标准。一旦没有达到这个标准，管理者应该立刻给予纠正，员工明确了这些，工作事实上就树立了最低的目标和标准。

树立良好的形象和威信

管理者的言行是树立自我形象和威信的最佳手段。正确地将自己的情绪与员工的情绪相结合，不要过度要求员工像自己一样，正确处理权利和成功感之间的差距，逐渐建立起沉着自信的形象。

适度的谦虚以及弱势将给予下属更多的好感和亲和力。没有人相信你无所不能，尤其自己只是一个地位相对有限的管理者的时候。不要动辄就“批评”“打击”下属，不要以为自己就是“救世主”，不要以为所有的问题你的方法比下属的都好，这样会让你堵上自己的耳朵，再也不能有效地倾听；这样会让下属觉得你的过度表现和张狂，甚至暗自发誓要让你吃尽苦头。

尝试着自行寻找解决问题的想法，你要清楚地知道，领导不会每一次都告诉我们怎么做，你也不能每次都希望有卓越的下属帮你出主意，你要尝试着做决策。一开始会很难，不知道如何下手，影响的要素实在是太多了。大多数的管理工作上的决策都不需要过人的智慧，他们需要的是一种能力，一种获取事实并知道何时收集到足够信息的能力。

既不要急于速战速决，也不要鲁莽行事。平衡和适度是关键，当收集完信息以后，你可以采用独自决策、集体决策、授权决策和跨级决策等多种方法，通过成功和失败的洗礼，管理者的形象和威信都在提升。

从现实出发

随着管理者搜集到的信息越来越多，包括人员的矛盾、资源的匮乏、流程的僵硬、竞争的加剧、财务的考核、领导的信任，等等，管理者发现自我的权限实在是太有限了，我们能做的改变少之又少。

很多管理者期待如果有一个始终信任我们的领导，如果我们也拥有最新的技术和产品，如果工资和奖金的比例能进一步提高……我们一不小心就习惯于做白日梦。管理者必须放弃依靠外界、依靠运气的幻想、依靠组织的简单而又幼稚的想法，虽然说出来我们觉得自己不会这样，事实上很多人不能摆脱理念的诱惑，现实是残酷的，管理者就是团队的主人。

你要做的是根据这些信息迅速形成对现实问题的判断，对于你信赖的哪个下属能解决什么问题也会有更清晰的感觉，对于如何完成某项工作的思路逐渐变得清晰。你必须在领导者的宏伟指令下清晰明确自己的角色。

如果可以你应该征求下属和领导者的建议和意见，将行动和结果有效地串联起来。很多中基层管理者都有“行动优先”的自然倾向，还有“先把工作做起来”的原始冲动，倾听和交流可以将你获取的信息有效地加工处理，并不断修正和强化你的判断，最终你会发现你的团队的改变是最大的。

案例3：忙乱不堪

张伟作为研发部的主管，每天任务繁多，天天忙得昏天黑地，这一天是女友的生日，他答应了晚上一起吃饭，早上仔细一想，今天有6件事情要做：

1.和生产单位讨论技术操作方案的改进。

2.参加人力资源组织的绩效考核的研讨沙龙。

3.最近刘洋情绪不高，想和他聊聊，看看究竟什么情况。

4.财务部要求下个月的研发预算。

5.下周新技术推广测试，本周必须完成前期的流程和准备。

6. 和周凯一起敲定新材料的供应商。

马总又突然安排他去支持生产一线的设备维修，打乱的计划，张伟应该怎么办？

做法 A：

1. 和生产单位的设备维修是马总派下来的任务，必须做好。

2. 吕丽娟比自己能力强，必须要求让她做新技术推广测试的准备和策划。

3. 周凯搞不定供应商，自己必须支持。

4. 如果实在没时间，和女友的约会可以推一推，另找一个自己不忙的时间补上。

5. 为了下次不被动，计划时多留出来一点时间，以防计划被再次打乱。

做法 B：

1. 拉着杨杰、邓超一起去支持生产一线的设备维修，告诉他们回来做一次技术分享。

2. 和吕丽娟说让她草拟一个财务预算，说明这是她学习做管理的必修课。

3. 让吕丽娟先准备一个策划案初稿，周四下午让她带领团队讨论定稿。

4. 把和刘洋谈话的事情记录在周计划上，打算在这周完成。

5. 这样就有可能给自己留下点时间。

做法 C：

1. 首先按照时间管理四象限分析哪件事情对自己所要的结果影响最大，对自己所要结果影响最大的事情，自己必须亲自过问和完成。

2. 和女友吃饭是十分重要的，总是因为工作忙而忽略了女友的感受，感情迟早会出问题的。

3. 对员工没有能力做到的重要工作，自己应该亲自过问以保证结果。

4. 但对员工只是因为不愿意做而不做的事情，绝不能就自己接过来做。

做法D：

1.其实只有参加培训、财务预算、陪女友吃饭这三件事是必须自己亲自做的。

2.其他事情，能辅导和激励员工做的，就尽量让员工去做，员工一个人的能力不足以做好的事情，就让他们相互支持去做好，允许在过程中出错。

3.重要的业务，可以让员工先出个做事的方案再去做，或者事先辅导一下员工。

统计表

	A	B	C	D
您的排序				

● 3.1 管理者的四大困境

绝大多数管理者都意识到：员工是企业组织行动的动力，也推动着企业的经营业绩。事实上，大多数管理工作任务复杂、耗时太长，仅仅靠激励是不够的。管理者用来激励员工的策略常常只能让员工在表面上服从于目标，并不能让他们自觉深入地致力于目标。的确，很多管理者与员工共谋促成了一种做表面文章的工作伦理。其结果呢？舆论上弄虚作假，言论上天花乱坠，行动上不见动静。

很多管理者不是不想行动，也不是不想拥有一支富有激情和行动力的团队，你有没有发现机会，为公司做些有价值的事呢？或许你曾试图运作一个富有震撼力的项目，但由于某种原因最后放弃了；或许你只是无法启动该项目；或许启动后一遇到大的阻力，你就放弃了。

在团队中普遍存在着四种非行动的陷阱。

第一个陷阱是无法阻挡的任务：就是需要完成的任务没完没了、无法阻挡。很多管理者都陷入别人用期待编织的网中，这让他们完全崩溃。他们的日常工作需要投入大量的精力，这让他们无法反思自己的目标、思考真正重要的问题以及确定自己要做的事情。我们把这种现象称之为管理者很“忙”，忙碌的忙。结果，他们非但无法采取有意志的行动，反而忙着采取积极的非行动，做许多实际上没什么意义的事情。

第二个陷阱是变化无常的情感：就是情绪起伏大，不能快速调整。组织的各项任务已经让管理者难于应付，不但要迎合讨好领导，即使是员工也喜怒无常，管理者已经没有足够的耐性去面对这些挑战。慢慢地，管理者的耐心与激情逐渐褪去，也变得冷酷无情，粗暴直接，完全不顾及他人的感受。

第三个陷阱是无法忍受的限制：就是各种各样的限制让人无法忍受。许多管理者都觉得自己被挤压在规定、规则或严格的财务预算的夹缝中喘不过气来，因而认为自己没有任何空间来主动采取行动。我们把这种现象称之为管理者很“盲”，盲目的盲。他们不但清楚地知道目标和问题，甚至同时知道解决方法，事实上，一想到公司的各种严格规定就泄气了，他们什么也没有做。

第四个陷阱就是不寻求更多选择：大多数管理者都将注意力集中在工作任务上，因而目光比较短浅，只关注眼前的需求与要求。我们把这种现象称之为管理者很“茫”，茫然的茫。他们没有意识，也不愿意开拓自己的空间来选择做什么、如何做。

很多管理者拥有资源，可还是把时间浪费在了一些不可避免的事情上，除了完成每日的日常琐碎外，绝大多数管理者总是不能抓住机会做一些更重要的事情。组织和领导者无法理解，当然更无法理解的是为什么详细的说明和行动计划，放到了基层，员工依然做不到；为什么降低了质量要求，员工依然无法实现；为什么明明是能力范围之内的事情，员工依然推诿；为什么员工总有那么多理由就是不会自己想办法；为什么轻而易举的解决方法，员工就是想不到；为什么员工的能力总是这么低；为什么员工总是对于管理者的任务阳奉阴违！

管理者必须明确，凭借一己之力推动目标前进，效果远远不如发动和调动团队成员，众人合力，共同推动组织目标前进。

• 3.2 管理者的工作效率衡量工具

每一个管理者请问自己三个问题，以辨明你将如何安排你的工作最有效率：第一个问题：这件事情必须做吗？按照重要性将工作任务进行分类。这里的做与不做，不是放弃的意思，更多的是分级处理和采用不同的管理方式。

第二个问题：必须马上就去做吗？按照紧急性将工作任务进行分类。如果不是紧急的任务，我们就可以采用先安排别人做，管理者检查、监督与改进，甚至可以先搁置一下，等处理完别的事物，再来处理这件事。

第三个问题：必须你亲自做吗？按照执行主体的选择，有些事必须是管理者亲力亲为、身先士卒才可以完成。

我们先看第三个问题：对于张伟而言，今天一共有6件事，哪些事情必须张伟亲自做才能完成？有人说感情的事情可以放一边。这是非常危险的想法，工作的目的在于提高人们的生命质量。感情、亲情、健康等都是我们生命中最重要的目的，组织和领导从内心当中都希望团队成员能够获得幸福、满足、长寿，只是这些主体依然是团队成员自身。学习的事情、能力的事情都是我们自己要掌握、平衡和满足的。当然财务预算这是管理者的权利和必修课。

每一个管理者都可能会沉浸在新平台给自己的繁重不堪、让人筋疲力尽的任务中，甚至令你兴奋和愉悦，你没有时间来照顾家庭，这让家庭有机会按照自己的意图来安排。家庭本身也会给你更多的机会，让你投入巨大的精力，不受任何“干扰”地工作。但是管理者必须清楚地知道，你的配偶和家人能够理解你的辛劳和付出，他们为此需要忍受你不在家的生活，需要忍受你对家人的“心不在焉”。

你必须尝试和努力着让这一切进入一种平衡，或者说达成这个目的的最佳状态，让所有人接受和享受这种状态，而不是痛苦地忍受和煎熬。一旦有不好的事情发生，一个不愉快的事情，就会打破这种平衡，这往往比组织内部的矛盾更难于解决。

紧接着我们看看第二个问题：对于这6件事情，张伟哪些事情可以先放一放，让别人干？似乎看起来，只要不是自己干的，都可以安排别人干，事情也没有这么简单。你需要将任务分配给合适的人，这样才能降低你跟进的难度；你必须预见可能出现的问题，过程中及时出现以解决这些问题；你必须了解你的下属，这样他们才会对于结果有足够的关注……

下周的推广测试，对于部门而言是非常重要的事情，如果你一定要亲自负责，你的下属只会执行你安排的工作，老员工的积极性没有办法调动，新员工又不会有老员工督促的压力，所有人都会把注意力放在你身上，干得好是团队的，干得不好是管理者不行！我们干吗要冒这个风险，不妨把这项任务安排给能力较强的员工，例如：吕丽娟、刘洋、杨杰中的一个或几个，他们能先计划和准备着，提前一到两天，周四周五开会确认一下具体的情况，将漏洞或不足修缮一下就可以了，这样管理者既能从忙碌的工作中解脱出来，又能很好地发挥下属的积极性。考虑到这项任务的地位和重要性，最终张伟决定，安排给吕丽娟还是最稳妥的。

技术研讨会的事情可以安排李娜和杨杰参加，又有技术，又有沟通和人际，回来之后部门再看如何对接下一部分的工作。

至于刘洋的情绪问题，张伟亲自去是有风险的。事实上，员工情绪的问题有很多种，如感情问题、资金问题、员工冲突、健康问题等很多种，在没有事前了解的情况下，贸然直接与员工对话，不一定能解决问题，还会造成员工对于你的失望。

假如刘洋说他喜欢一个女孩想结婚，对方父母要求必须买新房才允许结婚，刘洋的积蓄还不够首付，他正为此苦恼。这是真实的原因，你能怎么安慰？安慰最好的方式是你借给下属钱，下属短期就不苦恼了！但是用不了多久，新的苦恼就来了，他总也还不了你的钱，你的苦恼来了。与其这样，还不如先让丁春梅问问情况，如果你可以解决，你再出面；如果真的难于应付，我们也只能依靠时间去解决这些冲突了。

回过头来，再来看第一个问题：张伟哪些事情必须做，哪些事情可以不做？这里的做与不做，只是针对张伟而言，事实上，所有的问题，张伟都必须完成和解决。这里的做与不做，指的是有些事情，张伟一旦安排下属去完成，就不再关注过程和结果，完全由下属来执行过程与结果。

例如，周凯是新员工，对于现实的工作，很多都不能胜任，如果张伟亲自来辅导周凯，周凯的能力和水平一定是成长迅速的。如果管理者想摆脱眉毛胡子一把抓的困境，就必须安排别人来做，并且相信别人可以带好周凯。甚至安排杨杰、丁春梅都可以，本身是与经销商配合工作，即使出现问题，重新挑选就是了。管理者必须有一种意识，伴随着职级的提升，有些事情即使自己会做，比下属做得还好，还必须让下属做，看着下属错，在错误中下属提升和成长的速度才更快。选择适合的任务历练一下下属，管理者要面对部分任务失败的痛苦，当然也要承受资源、时间、成本等的浪费。

● 3.3 管理者的方式转变：从亲力亲为向参与授权转变

管理者的半径

管理方式：控制、参与、授权、无为

对于一个管理者来说，真正影响整体绩效的往往是管理者，而管理者的能力水平和管理方式就是管理者的半径。当管理者接到一项任务的时候，一味依靠上级解决问题肯定是缺乏担当的表现，但硬来通常也是行不通的，这需要借势取势、综合协调、统筹兼顾等多方面的功力，需要依靠足够的耐性、势能以及方法来推动工作的开展。

所谓管理者的半径，我们就需要结合“管人”与“理事”共同分析。

管人的半径。对于上级，管理者应当有意识地增加半径，让指令下达有一个传导的过程，同时要保持距离并控制好上级领导的预期；对于下属，管理者则应尽量地缩短半径，让自己与员工“混在一起”，真正掌握员工们的工作状态、心态与动态，避免工作安排不合理造成的执行偏差。

理事的半径。每遇到每一件事情，都要分为三个步骤，为什么要做这件事，怎么做和做什么。

连接“管人”和“理事”的就是管理者要在控制、参与、授权、无为这四种管理方式之间进行选择与平衡。

控制管理在现实的工作中更容易变成管理者亲力亲为和身先士卒的代名词。管理者亲自负责实施每一个步骤、环节和动作，以管理者为主，团队成员为辅的模式，管理者又要过程，又要结果，以管理者个人的能力、经验和人际为主要业绩达成的影响因素。按照管理者的计划和规划的标准，在执行过程中进行纠正和调整，以确保目标的实现。有的时候是因为员工能力不足，缺少经验；有的时候是由于管理者本身特别擅长此项工作，愿意在过程中建立成就感；有的时候是管理者太过于关注细节，不放心下属的执行……在团队和组织初级阶段或者小微团队中，管理者绝对的控制和全程的推进将是保证结果的一种捷径。当然全程的付出会占用管理者的时间和精力，当任务的复杂度和团队的规模发展到一定程度的时候，又会限制员工能力的锻炼和积极地投入，反而变成业绩提升的障碍。

参与管理就是指在不同程度上让员工和下属参加组织的决策过程及各级管理工作，让下级和员工与管理者处于平等的地位研究和讨论组织中的重大问题，他们可以感到上级主管的信任，从而体验到自己的利益与组织发展密切相关而产生强烈的责任感。同时，参与管理为员工提供了一个取得别人重视的机会，从而给人一种成就感。员工因为能够参与商讨与自己有关的问题而受到激励。参与管理既对个人产 生激励，又为组织目标的实现提供了保证。

参与管理的实质是管理者只需要参与一部分过程，一部分过程直接由员工负责，双方共同保证管理结果的达成。员工参与对员工、管理者和企业三方都有益处。对员工自身而言，可以发挥其聪明才智，改善人际关系，锻炼自身能力，实现自我价值。对企业而言，员工参与管理则可降低成本、提高效率、增强企业效益。而对于管理者而言则可以抽出时间和精力，把重心放在核心工作和任务上，在员工成长和企业快速发展的过程中，这是必不可少的一个环节。

参与管理模式把员工作为工作中一项可变资源，把人的能力、特长、兴趣、心理状况及外在表现能力等各种综合因素结合起来，科学地安排员工最适合的工作，并且在工作中充分考虑员工的成长和价值。科学合理的参与管理可以充分调动和发挥员工的积极性、主动性和创造性，从而提高工作效率、增加工作业绩，为达到企业发展目标而共同努力。

授权管理是管理者组织运作的一种手段，它是以人为对象，将完成某项工作所必需的权力授给相应的下属。即管理者将处理用人、用钱、做事、交涉、协调等决策权移转给下属，不只授予权力，且还托付完成该项工作的必要责任。授权管理是一门艺术，充分合理的授权能使管理者不必亲力亲为，从而把更多的时间和精力投入到企业发展上。一旦采用授权的方式，管理者将不再参与过程和行为，这些环节全部由员工负责，双方共同为结果负责。授权能使一个组织释放员工身上潜在的能量。授权管理的本质就是上级对下级的决策权力的下放过程，也是职责的再分配过程。授权的发生要确保管理者与下属之间信息和知识共享的畅通，确保职权的对等，确保下属得到必要的技术支持。授权是一个动态的过程，考验管理者对于下属的能力、意愿、关系等的判断，很多时候授权本身就已经决定了结果。

管理的无为状态是必须经过一个过程才能形成的，不能只看到结果，不关心过程，否则无法达到无为管理的目的。这里的无为和道家的无所作为还是不一样的，或者说无所作为是有为之后的最高境界。无为管理的实质是管理者不要过程，也不要结果，是高度授权之后的结果，员工为过程负责，员工为结果负责。管理者就是放权给一批人，让下属努力奋斗，去实现共同的目标。

管理者把专业的事交给专业的人，会选人、用人，有时比凡事事无巨细、亲力亲为还要高效， 每一层的人把自己管理好，把自己的工作管理好，就会推动整个组织的稳健前行。管理者不过度干涉手下人做事，下属绝大多数都比管理者更专业，管理者要做的是统筹、组织、设计、规划，至于实施细节，放手让专业的人干。业绩越好的团队，管理者就越轻松；业绩不好的团队，才需要管理者事必躬亲。无法从过分琐碎具体的事务中释放出来，管理者的组织能力也不会得以释放，管理者必须学会控制自己，放空自己。

扩大管理半径对于一个管理者来说，其实就是处理好自身与下属的关系，能力的提升需要时间和空间，合理评估任务指标的难度，节制管理者的欲望，把握好节奏，有效平衡团队能力、管理强度和业绩指标之间的关系，选择合适的管理方式。

• 3.4 管理者的层次

什么是管理？如果问自己：你是管理者吗？可以回头看看有没有人跟随你一同完成任务，大凡以为自己是管理者，团队绩效又都是依赖自我完成的人，管的不是团队，连自我管理也没有做到。伴随着团队目标和团队人数的增多，管理的复杂性和难度都在增加，当然对于管理者而言在团队不同发展阶段表现出来的状态是不一样的。

职业学徒阶段：

1. 愿意接受上级或同事的指导和监督

2. 在较大的项目中或商业活动中能够承担指定的工作并能够显示潜力

3. 有效地执行具体的工作或日常的工作

4. 在工作中表现出积极主动以及创造性

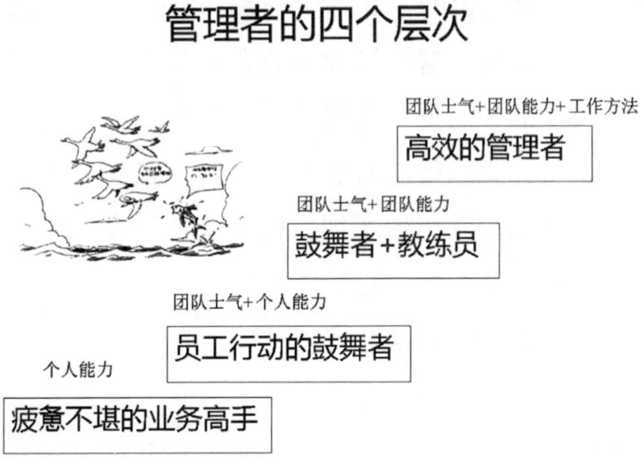

在这个阶段管理者更多依赖的是自我的能力，依靠实干、苦干、勤干，采用的更多的是控制的行为，当团队规模不大、团队目标不高

的时候，管理者的个人能力、体力将直接决定该团队的绩效。这种情况下管理者本人很容易陷入过度依赖自我而不容易授权的状态，很容易造成个人与家庭、个人与团队的失衡，陷入“忙”“盲”“茫”的疲惫不堪的业务高手的恶性循环当中。

职业独立贡献阶段：

1. 工作中显示出具有技术能力，工作结果享有较好的声誉，在同事和上级中有着良好的名声

2. 能够独立地工作并能够达到结果

3. 在项目中或某项工作领域中，能够独立地承担责任

4. 较少依靠上级经理或有经验的顾问，能够自己组织资源解决业务中的问题

5. 和同事们能建立良好的工作关系

员工在什么时候士气才会提高？要想得到这个问题的答案，不妨看看丹尼尔·平克（Daniel H.Pink）的研究结果，丹尼尔·平克发现员工在两种情况下情绪是不会提高的：一个是工作时间长、任务重，又是简单粗暴的重复，没完没了，缺乏乐趣，员工士气低落；另一种情况是员工工作空闲，无所事事，不知道干什么。丹尼尔·平克认为一般的员工在工作任务清晰、又有明确的标准的情况下，在工作中有序地开展工作，工作的情绪状态是最稳定的，同时由于亲自操作，员工的能力也会随之增长。

这就表明，对于管理者而言如果我们能跳出自我能力的误区，发挥和调动员工的参与度、积极性和自由度，采用更多的是参与的行为，调动员工的士气，我们就能有更多的推力。借用管理学大师德鲁克的话说，将一己之力推动团队绩效实现，转化为发动众人的力量推动团队目标实现，做一个真正的员工行动的鼓舞者。

通过他人做贡献阶段：

1. 显示出对所从事的行业在商业上或技术上的理解深度与广度

2. 透过独到的见解以及思路激励着他人对组织贡献

3. 能够影响他人对组织的贡献，常常作为思路的引导者，组织内部专家对某个主要员工的训导或者是经理等

4. 在组织内外建立起强有力的关系网

5. 能够代表组织同外部进行沟通，如客户、其他工作团体、行业协会或上级管理部门

当团队由十几人、几十人成长为上百人的团队的时候，我们要面临生产要素的更多矛盾，这就要求管理者要不断分析任务的巨大差别、员工的个性差异、能力差别、兴趣爱好，等等，我们力求将最合适的工作安排给最合适的人，做到人岗的最大化匹配。这时候管理者更多要依赖员工的参与，借助团队的士气和团队的能力推动组织业绩的实现，我们此时把管理者称之为“鼓舞者＋教练员”。

组织的领导者

1. 为组织引领业务发展方向

2. 有能力利用各种权力为组织的利益推动变革，影响关键的决策，或是获得重要的资源

3. 有能力利用各种工具，建立流程，设立系统，推动组织完成组织业绩

4. 对组织关键人物有着举足轻重的建议权和举荐权

5. 在组织的内部和外部能够代表组织

管理者做的更多的是授权和无作为的管理行为，把握的更多的是方向、战略和人的要素，将动态的管理与团队的能力、士气有机地结合起来，将刚性管理和柔性管理融汇在一起，培养更多的管理者，变成一个高效的管理者，管理上百人的团队、上千人的团队。

对于管理者而言，管理者的任务不仅仅是完成业绩，而是通过团队完成业绩；不仅仅是通过团队来完成业绩，而是通过提升团队能力来完成业绩；不仅仅是提升能力完成业绩，而是建设系统来铺垫未来业绩的达成。

案例 4：会场布置

张伟为技术部门邀请行业专家举行研讨会。张伟让李娜负责提前做好接待和会场布置的工作。今天都周四了，周五如果能准备妥当就最好。张伟想先去会场看看布置的情况，桌子没有摆放，条幅还没有到位，水果、茶歇、桌牌都还没有准备，甚至会议研讨的资料都没有定版……张伟很沮丧，对于李娜的准备工作非常不满，他该如何处理这件事情？

做法 A：

1. 听听李娜的解释，以及李娜自己准备下一步做些什么。

2. 和李娜明确你对于这些工作的不满，要求李娜做完以后，必须通过你的检查。

3. 如果周五前这些工作不能完成，李娜必须周末加班来完成这些工作。

4. 告知李娜如果这项工作再出现纰漏，这个月的奖金就没有了。

做法 B：

1. 与李娜沟通，明确本次活动的重要性，希望李娜在思想上重视起来。

2. 当听到李娜解释说原本周五这些工作就能差不多，没想到领导者这么着急，表达理解与担心，鼓励李娜工作要有主动性和提前量。

3. 针对会议布置和接待工作，你明确李娜应该关注的事项，例如车辆、流程、会场、餐饮、茶歇、资料等全部要素逐一落实，并针对每项要素提出具体的要求和标准。

4. 针对每项工作，让李娜列出具体的行动方案，并且学会调集部门中的其他人帮着完成。

5.告诉李娜周五下班前，你还会检查，工作要想尽各种办法争取完成，你会给她支持。

做法C：

1.李娜能力一般，办事不踏实，自己是知道的，既然事情已经这样，自己也就只能亲自抓了。

2.抓紧时间召开部门会议，调动所有人一起参与，指望别人还是不行，只能一项一项工作自己来。

3.先摆会议室吧，让大家一起搬桌子，打扫卫生；然后是一起准备名签，摆好座次；条幅的位置是很重要的，这对于照相的结果有很大的影响。

4.很多事情，只有亲自做才放心，也没有办法，谁让下属的工作总不能让自己满意。

做法D：

1.组织部门会议，针对李娜的问题给予严厉批评，并责成吕丽娟和丁春梅接管此项工作。

2.针对李娜工作中的问题，尤其是会场中的问题，桌型、条幅、展板都表达强烈的不满。

3.嘱托吕丽娟，工作过程中，每完成一项一定要汇报，多请示。

4.看来周末是别想休息了，陪着大家一起加班吧！

统计表

	A	B	C	D
您的排序				

• 4.1　管理者的目标管理

对于管理者而言，很多时候工作任务的推进，就体现在目标的分解、传递、执行和检核上。今天的团队业绩不是由今天决定的，它是我们过去工作行为的结果，明天的组织状态不由未来决定，它是我们今天工作目标的结果。

第一：订立目标的重要性（为什么要订立目标）：

1. 清楚我们努力的方向，集中全部力量去完成它
2. 了解每一个阶段要达到的程度，随时检查进展
3. 找出完成目标所需要的工具、知识和技能
4. 找出需要合作或者寻求协助的对象
5. 有效分配和运用时间
6. 发展出可行的行动计划

第二：为什么不设定目标？

1. 对自己信心不足
2. 不知道设定目标的重要性
3. 不知道如何有效地设定目标

一旦没有了目标，我们几乎同时失去机遇、运气以及别人的支持，因为不知道自己到底需要什么，也就没有什么人能够帮助得了自己。就像大海中航行的船，如果不知道靠岸的码头在哪里，什么风都不是顺风！

第三：完整有效的设定目标的步骤

1. 将有效的目标具体写出来，必须是明确的、具体的、有时限的、可达成的、挑战性的目标；
2. 订立完成目标的时间
3. 列举出所有达成目标的好处
4. 列出达成目标的过程中预计会遇到的障碍
5. 写出完成目标所需要的条件：如知识、技能、信息、工具等
6. 写出完成目标所需要的合作人
7. 写出具体的行动计划

第四：精密详细的行动计划

1. 方法：从设定目标步骤的第 4、5、6 点来整理行动计划

2. 总结：失败是成功之母，检讨是成功之父，两者的结合才有好的结果

● 4.2 管理者的目标转变：从组织目标向行动目标转变

工作中很多冲突就在于员工与管理者对于目标的理解是不同的。

目标转变的第一个原则：目标要清晰。我们首先要解决的是员工没有目标，缺乏责任意识。德勤公布的一份《高强度绩效管理：运用目标，聚焦 21 世纪》的报告中印证了这个结论。在这里我们需要明确的是目标分为三个层次，分别为愿景目标、成果目标和行动目标。事实上，员工对于愿景目标没有太大的感觉，更愿意聚焦在行动目标上。而如果管理者只讲行动指标，员工就像是被捆住了手脚，将会迅速失去创造性、想象力和主动性。愿景目标就像是给员工描绘一种想法与图画，给予员工动力与压力，让员工清晰地知道自己要干什么，调动他们的积极性和参与性。

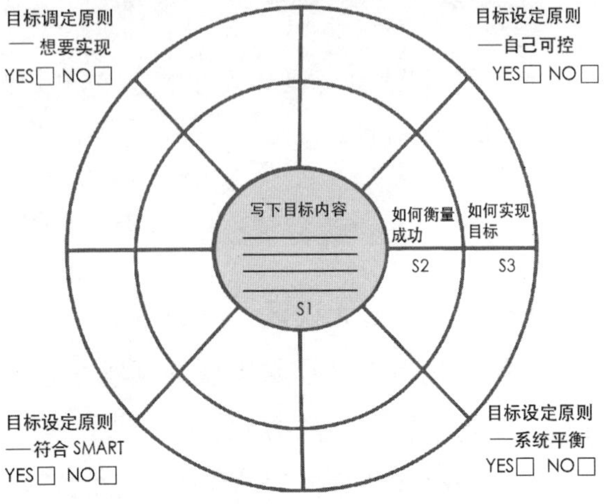

目标转变的第二个原则：目标对员工必须有意义。也就是说我们需要将愿景目标分解为成果目标。成果目标的第一个特征是要符合 SMART

原则，成果要明确、要具体、要有时限、要可达成、要有挑战性。成果目标的第二个特征是：想要达成的，这就意味着符合趋利避害的心理特征，是正向的、积极的、有意义的。成果目标的第三个特征是：可控的，可控指的是必须是管理者或者员工自身的、内在的、行为的、过程的相关要素，保证所有的行为可以发生。成果目标的第四个特征是：系统平衡，例如：我想抢银行，这个目标就破坏了社会的平衡，属于违法事件，我们就不能去做。

目标转变的第三个原则：目标要有可持续性。愿景目标分解成了成果目标，如果我们愿意将成果目标分享给身边的人、团队内部的成员，这些成果目标就开始产生巨大的能量，团队的人际压力、自我的惰性、荣辱得失的诱惑等就开始发挥作用，组织内部和外部就开始强迫员工发生改变，产生行动。

团队的执行力，事实上是成果目标具体变成行动目标以后才开始产生的。管理者根据工作完成的情况，展开工作的追踪：衡量工作进度及其结果；评估结果并与工作目标进行比较；对下属的工作进行辅导。

如果在追踪的过程中，发现严重的偏差就要找出和分析原因。采取必要的纠正措施，或者变更计划。工作追踪应当着重客观性的标准——工作成果，同时也要兼顾主观性的标准——工作方法和个人人品。

先后顺序	明确的行动步骤	开始—结束	跟进/回顾/日期	验收标准

工作追踪的最大误区：不是追踪目标，而是追踪下属工作的方式

工作追踪当中最经常出现的问题是管理者在工作追踪的时候，不是追踪目标，而是下属实现的方式。

那么管理者是如何看待工作追踪的呢？

第一，下属是不是把他所有的资源和精力都用在达成目标上。如果是，那就不需要对员工进行纠正。有可能是他在能力上、方式方法上不行，那我们需要做的是教练的工作，在能力方面对他进行培训或者资源方面给予补充。

第二，要明确授权，以免造成下属在工作时，事事请示。现在很多管理者之所以很忙，忙得不可开交，就是因为他没有授权。比如，企业要做培训，这不是一件大事，应该授权人力资源经理来办，但事实上呢？培训费用要老总签字，安排什么人培训要老总签字，定什么时间培训要老总签字，买个果盘都要老总签字，人力资源经理就是个跑腿的，就是个事务员。像这种情况，老总事事都追踪，事实上已经超越了追踪本身，老总已经替代下属在工作。工作追踪是在给下属充分授权的情况下，让下属在按照自己的想法做事情的基础上进行追踪。

第三，工作追踪不是干涉，不是你来替代下属做决定或者直接你来做。管理者应该对下属的工作做出一个目标完成情况的评价。目标管理应该起到激励下属的作用，关键是管理者让下属按照他自己的想法做事情。

• 4.3 工作追踪的步骤

工作追踪第一步：搜集信息

搜集信息主要包括以下几种途径和方式：

1. 建立定期的报告、报表制度

很多公司的部门都拥有一系列成套的报表，内容全面，格式规范标准，严格填写，认真执行。

2. 定期的会议

3. 现场的检查、跟踪与询问

这些工作就方法而言，并不复杂，关键在于管理者是否足够细致和不断坚持。

工作追踪第二步：给予评价

第一：要定期追踪。管理者有时候工作一忙，就顾不上去了解下属的工作情况，而一旦形成三天打鱼、两天晒网的习惯，下属的工作就有可能渐渐松懈。对下属工作追踪要养成定期的习惯，同时让下属也感到主管有定期检查的习惯，这是非常重要的。

第二：分清楚工作的主次。管理者的事物很多，不可能事事追踪，因此一定要分清事情的主次，对重要的事一定要定期检查，而次要的事则不定期抽查。

第三：对工作进行评价。工作评价的一个重点是看目标是否偏差，有时候是与目标偏差；有时候是具体的方法的差异；有时候看上去业绩实现了，但目标实际上是偏离了，就像前文所述的例子。如果评价时发现目标有偏离，就要及时把目标拉回来。

第四：避免只做机械式的业绩和目标的比较，应当寻找产生偏差的原因。在分析偏差时，必须首先分清哪些是下属无法控制的因素引发的。比如分配去做市场调研，但是经费迟迟无法到位，下属无法找到足够的调研对象，从而延误了调研时间。其次还应分清哪些因素归因于下属本人，比如由于下属工作不够勤奋，造成销售额没有完成。正确分清这两类原因，就可以有针对性地采取相应的措施。

工作追踪第三步：及时反馈

管理者必须定期将工作追踪的情况反馈给下属，以便下属：

1. 知道自己表现的优劣所在

2. 寻求改善自己缺点的方法

3. 使自己习惯于自我工作追踪及管理

如果发现下属目标达成不理想，那么可以提建议。有的下属，当你指出他的工作偏离了目标，他能够很快地意识到这一点，根据主管的建议去进行调整。另一种方式就是强行把目标拉回来。

无论采用哪种方式，都必须做到及时反馈，这样坚持的时间久了，大家就会发现，凡是偏离公司目标的事情是绝对不允许的，这就在公司内形成了一个基本的职业原则：即激励大家去完成目标，又威慑那些有可能故意偏离目标的人。

案例5：左右为难

最近张伟遇到了一些麻烦，马总和徐总在新技术研发的思路上出现了很大的分歧。张伟的新技术研发方案被徐总否决了，而马总却还依然支持张伟尝试。事实上，如果徐总不支持，最终的新技术研发成果也会在落地、执行等方面遇到重大的挑战。张伟在做与不做之间为难，如果不做，等于没有支持马总，真要做了，这也会得罪徐总，张伟现在该怎么办？

做法 A：

1. 主动去找徐建平，仔细了解徐总对新技术研发的思路和想法。

2. 如果可以就问问徐总，希望他给予现有的新技术研发方案一些建议。

3. 既然是这样，两头受气，得多跑几趟，让领导骂骂吧，自己调整好心态就好。

4. 边做边说吧，一方面要兼顾马总的想法，另外一方面要给徐总留有颜面，看来工作要来回修正很多次了！

做法 B：

1. 正好前两天回老家带了一些家乡土特产，提一些给马总。

2. 根据经验不断地完善自己做的方案，争取在思路方面能够有一定的创新与突破。

3. 马总是自己的直接领导，况且马总有知遇之恩，遇到这种问题，必须坚定立场。

4. 目前马总很着急见成果，只能硬着头皮先做起来再说，早晚问题会得到解决的。

做法 C：

1. 去和生产部的其他部门经理聊聊，听听他人的建议，如何向徐总解释一下。

2. 之前自己做的方案已经比较完善了，虽然没有反馈，自己就逐步缓慢地开始运作起来，以免马总问起来总要有一个交代。

3. 如果徐总执意刁难，那就和他解释一下，自己也是为了工作，总拖着不是办法。

4. 实在不行，就只能自己背黑锅了。

做法 D：

1. 研发部算是一个比较新的部门，大家对于工作内容和流程都是新手，很多东西并不十分专业，找机会多出去学习学习。

2. 举办一次中高层管理者参加的研讨会，一来让大家了解一下研发部的工作状况，二来感谢各个部门的配合与指导，三来借机询问一下高层关于新技术研发的思路和意见。

3. 这件事做与不做都得罪人，不妨把工作安排给李娜，让李娜多与领导交流。

4. 为了保证这项工作的进行，过程中多形成进度和阶段报告，及时给马总和徐总，征求领导意见。

统计表

	A	B	C	D
您的排序				

● 5.1 两难的抉择

新任领导者面对的挑战是全方位的，他们到底对新工作的喜爱程度有多少？

他们能否处理专业上的矛盾？更重要的是组织内部的人际关系和员工的士气和情绪都需要占用他们大量的时间，而类似这样的工作往往难于掌控最终的结果。

事实上，这还不是最糟糕的，如果团队内部早有人际矛盾，现有人员还遗留着对于原有管理者的“崇敬”，甚至于如果管理者没有与高层管理者处理好相应的关系，甚至高层管理者本身的斗争，很快战火就会蔓延到中基层管理者的层面，如何站队成了最重要的事情。一旦事情的严重程度超过了个人的能力和原有的认知，焦虑和矛盾就会产生压力。原本他们对于新的岗位还充满憧憬，用不了多久，其中的一部分人就会觉得自己准备得不是那么充分，焦虑已经压得他们喘不过气来，还要客服现实人际带来的复杂的情感，很多时候，他们感觉进退维谷，无法抉择。

● 5.2 人际关系下的矛盾

在很多调查和研究中，都认为新任管理者在角色转型中会产生巨大的压力，这种紧张和焦虑很多时候是暂时的、可容忍的，还有人认为适度的压力可以激发更大的潜能。当然，如果我们不能承受，这些矛盾反而会让大家的才能发挥失常。

管理者必须要面对的是很多压力不是短期存在的，也不是偶然发生的，而是长期存在的，这些压力就存在于你管理工作的日常行为中，如果我们不能很好地面对它们，管理者就会陷于被动或精疲力竭。

管理者的工作就是在平凡的工作中，保持正常运转，不放弃，不发火，不会听之任之。管理者就是要理解这种不确定性、人际冲突和责任中的情感因素。正是工作中的这一方面令专注技术和职能的人望而却步，但却激发了那些管理型的人才。这就是摆在管理者面前如何让管理工作富有意义、精彩刺激的真正挑战！

● 5.3 管理者的关系转变：从压力调整向建立关系转变

管理者对于新岗位的适应是一个刚柔并济的过程，很多时候也只能在实践中不断地学习和成长。通过解决实际问题和面对既定的结果，要迅速学会对错与是非。管理者通过试验和犯错、观察和问询、沟通与反思，缓慢地要度过自己的积累期，这个过程可长可短，事实上，“自己的坎儿只能自己过，没人可以替代自己，也没有捷径可循，自己必须勇往直前。”

不管管理者遇到多大的困难、冲突和麻烦，你必须将紧张、压力和孤独都控制在一定的范围之内。无论原因是什么，你必须接受“命运的安排”，往往可以从以下三个方面寻找答案。

第一，建立富有成效的工作关系

不管你是否接受，对于一个中基层管理者（新任管理者更是如此），要想取得未来的成功，就是要与你的领导建立富有成效的工作关系。

尝试着用不同的角度去思考下面的观点：每个人都有自己的老板，不要总想着什么事情都要完全自己做决定，事实上，你根本做不到。任何职位都存在与其他职位相互制衡的问题，很多时候激化矛盾，只会让结果变得更糟糕。

彼得·圣吉曾经有类似的观点，管理者工作的50%就是与上级打交道。这是一种动态平衡的关系，是既有差别又相互依存的关系。作为管理者之一，上级制定目标，你来分解和实施；你负责执行和推进，他们则对于你的过程给予监督和指令；你埋头于组织的日常运作，他们则不断给你新的任务。

在这种关系中，双方都需要知道何时应该“上手”——自己承担责任，何时应该“收手”——将职责传递给对方：都应该知道何时应该前进，何时应该后退。

有时候，这种职责是清晰的；有时候，双方的界定是模糊的；有时候，双方的目标在不断地调整；甚至有时候，双方本身就是矛盾的。我们要清楚地知道对于管理者而言，自己的职位不是不可撼动的。所以，我们上任伊始就需要确保自己从开始便与上级建立起正确的工作关系，以便占尽先机，为自己的工作创造良好的前提条件。

甚至不论你的职务高低，这些都是通用的：尝试着统一各方的预期；倾听和了解目前的主要问题；确定并解释你的工作方法；界定你的工作范围；融入企业文化并启动企业文化的传播；就你采取行动的理由和行动的结果不断进行有效沟通。

即使在现实的工作中，你已经有了类似的遭遇，有过与上级的不快，但是对于很多人而言，这是他成长的一种完全不同的又难于直接逾越的经历。

当我们在思想上已经接受了这些原则的时候，相信你在心态上已经完全做好了准备。通常情况下，管理目标都是上级传递给我们的，甚至是明确的，不过经验告诉我们，除了这些显性的目标以外，他们还有其他的潜在动机和偏好，尽管有些听起来不是那么高尚，但他们的重要性有时候更大。

你除了要完成目标以外，上级管理者还希望从下属那里得到三样东西：忠诚、良好的建议以及个人的功绩。尤其不能容忍的就是下属的背叛。

这时候我们就要有意识地总结和思考：上级喜欢什么样的工作方式？喜欢用什么样的方式进行沟通？喜欢用什么样的节奏掌握下属的工作情况？喜欢书面报告还是非正式的交流？与团队中的哪些人关系更为紧密？

此外，你还可以与公司中那些与上级有过共事经历的人交流。按照他们的经验，用什么样的方式与你的上级打交道最奏效？最讨厌什么样的方式？其他部门的人是如何评价你的上级的？……

这些都需要你的判断，在共事的过程中，不断地反思与回顾，看看哪些方面还需要改变，哪些方面还可以进一步改进。没有哪个人能比你的上级更能给你直接影响的了。所以，你需要弄清上级最喜欢的工作方式，需要对有助于他取得成功的方式了然于胸。这样，你就更容易得到上级的支持和帮助了。

第二，逃离圈子文化的诱惑

领导者——无论是新任管理者，还是拥有丰富管理经验的人，他们面临的最主要的诱惑就是圈子文化、人际文化，如何选边站的问题。如果不能理解并恰当地使用这种方法，我们反而会陷入更大的泥潭而难于自拔。很多管理者更倾向于通过权力的更迭，营造“顺我者昌，逆我者亡”的排除异己的工作环境或者说是团队文化。

那些习惯于这种方法的管理者，往往自得其乐，认为总有人帮他“背黑锅”，远离是非，他们尝试着将自己与发现问题、解决问题的机会割裂开来。这种团队营造的环境令人窒息，工作于其中，让人觉得自己在被人操控，这种环境让大部分富有才智的员工深受压抑，而且最终会被“扫地出门”。那些犹豫不决的员工则面临两种艰难的抉择，“要么你就按我说的干，要么就给我走人。”结果是只有那些能力平平的员工能在这种环境中承担职责。

职场是充满冲突的，很快我们发现，我们当我们这么做的时候，我们不经意间又成为上级的砝码，我们在这种氛围和环境中，被迫选择，痛苦甚至大于收获。

与现实达成共识，用目标说话。尝试着简单一点，有的时候是必要的，尤其是出现重大冲突的时候，不要为怕产生冲突而放弃组织的目标和对于问题的客观的认识。与其在人际中冲突，不如要么让冲突的双方直接对话，要么站在组织、高层和员工的利益和结果，客观地解决问题。

有的时候，不论你如何选择和抉择，你都是失败者，或者说受害者。这是无法逃避的现实！公开的“摊牌”，将问题置于桌面，会让矛盾的多方都产生压力，很多人认为是一件很糟糕的选择，事实上，如果问题完全是由人际决定，不论你怎么做，结果都是一样的。至少，在现在，你还会得到别人的同情与怜悯！

客观的事实，充分的说明，方法的选择，所有的一切都是为了组织和团队。如果我们坚定我们的选择，很快你会发现有人愿意帮助你，有人开始同情你，有人可以看到你的才华，有人欣赏你的才干……最坏的打算就是，未来即使你落魄了，也为未来的重生找好了“伯乐”。

第三，找到支持你的人，选择合适的途径

管理者在矛盾和冲突面前，有的时候需要找到与自己意见、想法和现实一致的人员，判断谁可能潜在支持我们，判断谁可能与上级的想法不一致，判断什么样的成员更关注组织的利益和目标。

通过制定可靠而切实可行的计划，通过组织的正常途径向他们说明和评估，通过保持谦恭的态度，不随意为了站队而放弃原则，通过组织的目标和问题的解决作为理念，来解脱自己的心理负担。

很多时候，枷锁是自己带上的。如果你放弃自己心里的枷锁，枷锁会戴在给你枷锁的人身上。尝试着建立更为开放的、多元的、鼓励式的沟通机制，将自己与上级、下属和家人有效地结合在一起。

案例 6：员工抱团

最近张伟的团队中出现了非常鲜明的小团队，这些小的群体在员工之间产生着负面影响，例如，抱怨目标过高，拒绝执行工作安排，与他人产生矛盾冲突等，最明显的就是邓超和胡波了。如果照这样长此以往，对于团队将产生严重的负面影响。

做法 A：

1. 向部门其他人进行沟通询问、了解一些情况，确认自己的分析是对的。

2. 得到确认后，在部门会议中，列举负面事实，直接点名道姓给予他们严厉的批评。

3. 告诉部门所有人，你痛恨这种行为，所有人都必须停止错误的做法，如果有问题和想法可以向自己提出来或者发邮件等。

4. 再三警告后，直接开除带头的胡波，并告诉所有人，组织更看重大家的绩效和工作表现。

做法 B：

1. 找到邓超和胡波，单独私下了解情况询问原因，并表达自己对于小团队现象的态度和不满。

2. 如果没有改善，则在会议中针对这种现象给予批评，并且警告大家要控制自己的行为。

3. 针对胡波等人提出的意见，需要认真地思考和分析，个别问题可以通过部门研讨的方式，征求团队的意见。

4. 对于工作表现出色的吕丽娟和杨杰，给予物质表扬，并号召大家进行学习，对于“持续表现不好”的邓超，给予一定的批评教育。

做法 C：

1. 团队中出现这样的现象，直接面对邓超、胡波往往会激化矛盾，表面上不要有明显的反应。

2. 暗中给杨杰、丁春梅更多的支持和表扬，让团队中有人制约和反对“胡波”等人的做法。

3. 变相加大他们的工作量，严格考核和管理。

4. 组织团队开展几次内部的培训，优化制度和流程，推广团队工作的模式。

做法 D：

1. 私底下与胡波、邓超等人搞好关系。

2. 站在朋友的角度，提醒胡波和邓超等人要支持和配合自己开展工作。

3. 询问他们的需求，让吕丽娟、李娜等人，与他们形成工作小组。

4. 告诉胡波和邓超，如果机会帮助他们争取更多收益。

5. 组织部门进行团建活动，提升团队凝聚力。

统计表

	A	B	C	D
您的排序				

● 6.1 构建核心团队

管理者的工作目标和任务都是下属完成的，如何管理团队事实上更多反映的是作为管理者的你，思路、技术和方法的问题。你是否真的熟悉下属的专业能力？你是否真的了解下属真正的工作动机或者说需求？你是否真的能清晰分辨出团队中的核心员工，谁是问题和麻烦的起点，谁是团队中真正绩效的推手，谁的业绩提升空间更明显，谁是自己真正的敌人？

管理团队并不意味着要让所有的团队成员都臣服于你、极度地崇拜你或者喜欢你。管理者要想团队成员认同组织的目标，能够应对公司面临的不断的挑战，对于出现的问题要有足够的预期和掌控。

很多管理者希望构建属于自己的嫡系团队，以便于自己的指令可以顺利地传达到最底层，于是就很快地形成了一种错觉，就是“清理门户”。事实上，“清理门户”很难在上任伊始就开始，当然你必须认识到，什么时候团队中都可能有人不赞同你的意见。

价值观的统一事实上比“拜山头”更有意义，能力的提升和工作流程与方法的明确事实上比情感的口头支持更有效果。管理者不要过于关注这些，如果方法不对，很可能适得其反。

当问题和麻烦来临的时候，管理者必须对于团队有清晰的管理思路。有的时候，管理者是依据经验和直觉做出判断的，对于每一个员工做出评价与评估。一般情况下，这些员工会被分成三类：能够完成任务并加以重用的“嫡系”，能够完成任务但管理有一定困难的“留任者”，还有一类就是不能完成任务的“害群之马”。

对于“嫡系”毋庸置疑是团队的重要资产，他们的情感、人际、能力和忠诚将带给你巨大的帮助，这是遇到困难之后，全心全力会帮助你的群体。对于一般的“留任者”，他们可能有一些能力，可能会对你团队的目标有巨大的帮助；他们可能不会带来巨大的矛盾和风险，暂时还不会给你带来太多的麻烦；抑或是他们有强大的能力和关系，以至于暂时我们没有特别有效的方法让他们离开。对于第三类的“害群之马”最终会被清理出团队，原因也很简单，要么你有能力，要么你有态度，要么你服从我的管理，如果这些下属都不具备，想在团队中停留是很难的。

• 6.2　管理者的方法转变：从刚性管理向刚柔并济转变

一个成功的管理者必须非常清楚地知道团队内部是可能存在矛盾的，并提前告诉自己团队中一定会存在着“人际团队”，不管我们称呼他们是“非正式组织”还是“小团队”“小帮派”等，这些都会给原本看起来没有错误的方法带来巨大的阻力和障碍。

作为团队的管理者，我们会碰到各种各样难于驾驭的员工。管理他们时，必须同时管理他们的行为和情感。行为和结果都是显性的，短期之内反而不容易察觉，员工在表面往往会顺从管理者的决定，私底下，他们的情绪和关系会有另外的联结。

如果管理者对于不好的行为给予放任，这相当于是默许，其他员工是拥有自己的判断力的。一旦他们觉得管理者失去了公允和基本的逻辑准则，他们也不会信赖你，不再相信你。他们会觉得，要么你没有能力处理这些矛盾，要么你根本不在意这些结果。如果这种情况加以累计，管理者的权威将会迅速丧失殆尽！

面对这些挑战性的行为，最佳的方法当然是告诉这些员工，他们需要改变哪些行为，原因又是什么，管理者必须创建与组织、与价值观和现实一致的管理理念和团队文化，才更容易得到大多数员工的支持，哪怕是心理的支持。

一定要保持正面的态度，让团队成员知道管理者在说什么，你的原则和理念，明确地将这些理念让大家认同，你必须要让团队所有人知道你的目的就是希望团队变得更好，你希望组织获得成功。你在宣扬的过程中，让大家不断地认同和接受，慢慢地管理者的管理手段就会被大家接受。

这需要一个过程去理解，管理者规范和梳理团队成员的行为，改变错误的做法，成功就越来越近。如果团队成员照做了，取得了很好的结果，你会轻松很多，员工自己会管理自己，员工之间也会相互监督。有时候，管理者不得不做出纪律处分，这对每个人来说都是一场噩梦。或许管理者别无选择，但应该把它作为最后的选择。

管理者必须要尝试在自己的能力和资源范围内解决问题，而不是将问题激化或者向上一味地反映而又得不到支持。如果管理者试图采用一种力所不及的情况或者方法，表面看符合逻辑和标准，结果却很糟糕，就是因为方法太过于简单和粗暴，过于看重手中的权力，太过于强调结果本身所造成的。管理者必须从单一的为了解决问题，到多样的管理方法刚柔并济的解决矛盾。

那么这种刚柔并济到底是如何体现的：

第一，一对一管理不同于团队管理

管理者面对最重要和最具挑战性的一项任务是，寻找一条有效的途径，以确保组织的工作成果要大于团队成员个人贡献之和。很多团队由于自然和时间的积累，自然会留下情感和关系的依存，这都是正常的。很多管理者误将团队管理就是和每一位下属建立有效的个人关系，将管理团队和管理个体画等号。将关注点放在管理个体绩效方面，而放弃了对于团队绩效的关注。他们花了大量的时间在那些能力不足、意愿低下、偷奸耍滑的人身上，而且有时候还公然的称兄道弟，从而根本无视那些有“良知”、有“原则”、有“绩效”的团队成员的真实感受，他们认为矛盾解决了，事实上，团队其他成员的绩效却显著下降了，这时候，他们发现他们根本无法驾驭团队了。

管理者必须给予团队整体的关注，放弃单纯的一对一处理解决问题的惯性，即使是艰难的选择，管理者也必须尝试着这么做。如果不是这样，管理者往往会吃惊地发现针对某位下属的管理行为，最终会对其他人的士气和业绩产生意想不到的负面影响。

第二，多样处理矛盾的方法

一切管理行为都要紧紧地围绕着团队的目标，不能放松和转移。管理者的弹性体现在对于矛盾的预见和掌控中，保证团队成员在合理的管理原则内，顺利完成任务。

这主要表现在以下四个方面：

1. 接受个体差异和接受集体的一致性及目标

多样化的团队成员必然会带来组织的多元性，这既是优势也是压力和矛盾的起点。管理者必须让所有的团队成员明确团队的产出，这不仅包含显性的绩效还包含一些隐性的绩效。显性的绩效包含销售额、利润、产量、质量等，而隐性的绩效则包含团队的制度、文化、流程等。团队构成的有效性需要不同个体的组合和沟通，不同声音的公开就不可避免地会产生冲突和竞争。在这里，我们需要明确的是只要目的是追求团队目标，管理者应该允许个体差异和自由，前提是你遵守了团队的隐性绩效，例如团队的章程和文化。

2. 在团队成员间鼓励支持与鼓励对抗

团队成员间的信任是团队管理的基础，团队成员之间需要建立安全感和相互的支持，在凝聚力强的团队中，将“批判性思维”和“群体性思维”有效地结合在一起。冲突管理的一个好处在于将矛盾转移，在可控的范围内，适度开诚布公的冲突会增强大家的自省能力。坦诚交换对于问题的想法和意见，直率地给予各种假设，可能会产生更强有力、更富有创造性的决定，是健康的，是团队管理必备的。但是冲突并不都是建设性的，逐步升级的不同意见会导致成员间的压力，情感压抑和紧张的关系，一旦超过了掌控，会导致团队成员将事务性的争论个人化，进入消极的恶性循环。

3. 关注业绩与关注学习和发展

团队是检验管理者综合管理能力的重要平台，既要关注短期的业绩，又要关注长期的发展。管理者必须保持长远的眼光，发挥每一个团队成员自我决策的能力，将希望与能力有效结合，管理者必须放弃每一次决策的诱惑，事实上团队成员只要在自身的岗位上工作超过 18 个月，基本的技能和工作流程都非常熟悉，很多时候，不是下属会不会的问题，是下属愿不愿意的问题。当管理者将对与错、好与坏的选择权交给下属的时候，在下属进行自我审判的矛盾中，他们通常会选择你期望的行为。

4. 发挥团队成员的裁决和自主权

团队成员发现自己将要做抉择的过程中，从最初的本我、自我、自私、自利等“小我”中不经意地就会关注“大我”，关注部门、团队、组织的利益。他们突然发现责任重大，不愿意放弃那些早已约定俗成的团队的章程和文化，他们也需要平衡自我和团队之间的矛盾，当很多人在一起的时候，管理者突然发现原来大家的决策是一致的。

第三，多种管理风格

管理者在思考和解决团队矛盾的时候，也常常会问类似的问题：任务导向还是员工导向；指令性还是参与性；正式还是非正式。对于很多新任的管理者而言，管理的初始往往是从经验中认知的任务型的，指令性的正式的管理风格。随着时间的推移，管理者对自身角色的了解越来越深入，才会找到真正适合自己与团队的管理风格和方式。

管理风格本身是变化的，当你尝试着真正融入工作中的时候，你的个性是会随着调整的。管理者可能刚开始的时候，更关注于任务和指令，在一次次失败和错误中，他会越来越重视员工。有意思的是这是一个平衡，当你完全重视员工的时候，你又会发现任务和绩效越来越低了。管理者要尝试着更多了解自己，尝试着重塑你的环境，熟悉和掌控自己的团队，慢慢地你会发现，你可以很好地看待和驾驭这些矛盾，一切都很自然，你不会过度地痛苦与纠结于事情本身或者员工的个人情绪，你可以满怀信心地投入到工作之中。

案例7：惩罚员工

张伟的团队出现了一次重大的项目事故，事故的原因是刘洋未能与客户明确和沟通需求造成的，当然这有刘洋的问题，而客户需求不明确、总是变化也是不争的事实。现在按照公司规定要对刘洋进行扣除奖金和降级的处分，你是张伟会如何处理？

做法 A：

1. 告诉所有人，这是公司的制度，一切按规定处理。
2. 责备刘洋，每一个人都应对行为和结果负责。
3. 要求刘洋写书面检查，并在部门内部宣读。
4. 告诉所有人，这是一次非常严重的事故，能够得到教训也是不错的。
5. 将此案件当成是负面事件给团队成员警示。

做法 B：

1. 与刘洋面谈，询问具体的原因。
2. 询问刘洋对公司规定的处罚方式有什么意见和想法，并说服刘洋接受公司处理。
3. 尽可能想办法帮助刘洋减少处罚力度。
4. 告诉人事部门和上级，实际上客户因素占很大的比重，单纯处罚刘洋是不公平的。
5. 向刘洋承诺，即使受到处罚，你也会想办法弥补他的损失。

做法 C：

1. 表示这是运气不好，事故已经发生，大家只能自认倒霉。
2. 弱化事情的影响，自己不拿处罚措施。
3. 与其他下属交谈过程中，也认为客户的原因是主要因素。
4. 与刘洋面谈，表示遗憾、同情和安慰。
5. 向上级汇报，交由上级或责任部门处理做法。

做法 D：

1. 与刘洋面谈，并与其他同事交流，了解事情真相。

2. 针对问题及后果，以部门会议的形式研讨处理方法和跟进手段。

3. 召集全体成员进行避免事故的相关培训。

4. 告知大家刘洋将会受到什么样的处罚，并鼓励刘洋只要付出努力，会得到弥补。

5. 针对此事件向上级汇报，并提出解决预案和责任认定措施。

统计表

	A	B	C	D
您的排序				

● 7.1 规范员工的行为

每一项工作的绩效标准均不相同，甚至同一公司不同部门的标准都存在差异，原因就在于所涉及的任务多种多样，受到专业度、能力、资源、环境等诸多外界环境的影响。管理者必须要让团队成员知道，工作的标准是什么。如果组织根据模棱两可的工作标准要求员工，就是在自找麻烦。这样做就会削弱管理者的地位，很容易引起真正的误解。

企业管理需要制度，制度的建立是规范、复制和执行的管理，进而进入一种良性的管理循环，让企业从一盘散沙逐渐堆积成一座城堡，而从散沙到城堡，企业的制度建设需要攀登三个台阶：

第一个台阶：制定标准，这是一个规范的过程。制度都是事先制定的，而不能事后确定，制度将团队成员在组织中好的行为系统地整理，在细节中体现出来。制度本身要经过充分的调查研究，制度标准要做到简洁、明确、严谨、系统。

第二个台阶：完善标准，这是一个复制的过程。建立以产、供、销为主导的管理制度体系标准，将零散的管理规定、文化、公益、流程进行规范化、标准化、体系化、简单化，涉及组织的方方面面。

第三个台阶：执行监督，这是一个精益的过程。为什么那么多好的制度最后都成了摆设，原因就是在于没有彻底执行。制度的执行本身是检验组织做事情能力的核心要素，公私分明，权责分配，严格考核，奖罚结合，保证组织的效率、效能和效益的结合。

● 7.2 用制度做“准绳”，管理简单高效

很多管理者对于制度还存在很多猜疑，总是认为企业管理不够高效，即使制定了制度，仍有一些问题解决不了，比如部门之间相互扯皮、推卸责任等问题。为什么会这样？就是因为没有为企业的发展制定相应的制度、标准和流程。

我们也经常听到管理者抱怨员工没有很好地执行制度，这与员工有关系，但制度本身也有问题。比如制度在制定的时候，没有做好客观调查，没有经过充分的讨论，没有征求过员工的意见和看法，导致制度存在不周全的地方，难以服众。当然现实中会出现这样的问题，对于这种情况，管理者要做的是对上通过合理的渠道反映制度本身的问题，对下依然要让团队成员针对结果分析自身的原因，尝试找到解决问题的办法，而不是把视角放在外界，这需要管理的智慧。

制度好比企业的纪律，既然制定了，就应该被严格执行。如果组织针对工作已经有了明确的制度，每时每刻都必须掌握团队成员的表现是否达到了这个标准。管理者是不能根据假设行事的，认为只要没有造成恶劣的后果就没有问题，只有这样做工作的具体责任才会一目了然。

管理者必须对事不对人，量化的标准往往是组织衡量的原则，只要低于标准的表现都应该受到惩罚。这是绝对不能改变的，管理者必须要分清楚什么是隐性的过程，什么是量化的结果。如果说过程还可以强调人性化，结果强调的是刚性。有人不按制度做，就应该得到相应的惩罚；当然有惩罚就应该有奖励，管理者只有做到赏罚分明，员工自然会主动去执行制度。

• 7.3 管理者的行为转变：从经验管理向制度管理转变

提升企业员工对制度的执行力，加强制度的落实，但是没有监督，就很难将制度准确无误地落实到企业中。因此，要想做好执行力，管理者就需要适当地向员工施加压力。

管理最忌讳的就是凭经验、靠感觉，制度的出现帮助管理者全面、系统、专业地将现有的资源与管理目标最大化地结合起来，避免出现不必要的错误，这样才能走出随性的个人英雄主义。制度是让员工少犯错误最有效的手段。在企业界有一句名言：员工只做你考核的工作，不做你期望的。考核不仅仅是为了制定薪酬，也是为了让员工更好地落实企业制度。有了考核，企业员工才会认识到标准和制度的重要性，才会在执行标准和制度的时候更加用心，工作绩效才可能提高。

第一，严明纪律，犯错严惩

当企业建立自己的制度后，就应该按照制度严格执行，因为制度就是纪律，只有遵守纪律才会保证企业按照预定的轨道向前发展。在严厉基础上的宽容效果才好，在宽容之后的严厉才更有力度。制度执行的过程中有著名的三“不”原则：绝不放过第一个违反制度的人；绝不放过故意违反制度的人；绝不放过带头违反制度的人。

犯错后应该立即处罚，管理中有这样一个法则叫“热炉法则”，核心就是只要你触碰就立刻会被烫死，就像高压线一样。如果违反制度和惩戒之间间隔时间过长，就会减弱管理的效果。管理者如果不能坚定地执行制度本身的严肃性，下属犯错误的事情将会接二连三地出现。事实上，一旦这一次不处罚，就等于告诉团队中的所有人，不管工作成绩或做事态度，管理者都不在乎。管理者都不在乎，谁还会在乎？就会造成工作中一错再错，受到的损失也是组织的。管理者对于组织而言是有底线的，不是所有的工作管理者都有弹性的空间，在制度面前，“天子犯法与庶民同罪”，带有一点紧迫感和敬畏之心，管理者才能守住原则。

第二，基于结果，培养责任

组织经营的目的是价值和利润，自然看重的是结果。如果没有结果，一切的过程和动机都是徒劳的。制度的作用和价值就在于规范企业管理，弥补管理漏洞，稳定组织业绩。

拒绝借口，保证制度执行通畅无阻。制度本身不是为了惩戒，我们要做的是如何解决问题，而不是找借口。正是由于这样或那样的理由，团队成员在思想上、行动上才会松懈，对既定的目标开始质疑，甚至怀疑制度本身。制度本身的目的是为了规范行为，判断员工的工作是否有利于组织目标的达成，量化的结果和标准是必需的前提。

当然惩戒不是最终的目的，管理者必须寻找原因，明确指出错在哪里，如果是由于能力过低或者经验不足造成的，作为管理者还要继续跟进，辅导和提升他们的能力。公平地对待下属，对于所有的团队成员保持一致性。每个人都知道许可行为和不许可的红线具体的标准，进而规范自身的行为。

第三，掌握分寸，处罚有方

关于制度的执行，很多管理者没有找对方法，也正是这个原因，让制度的落地变得很难执行，形同虚设。管理者应该根据员工违反制度的严重性以及员工本身对公司的意义和价值来进行灵活处置，但是切不可因为裙带关系或者其他的一些私交而放任自流。

管理者在执行制度时，在保证奖罚按标准执行的过程中，应该鼓励员工积极参与，最终养成相互监督的习惯。正所谓“群众的眼睛是雪亮的”，不要小看了群众的力量，制度得以落实必须让员工真正地接受。事实上，员工在行使自己的监督权时往往比较被动，又很容易受到最终结果的影响。这就要求管理者必须抛弃传统观念，不要太过于看重管理者颜面。

制度是死的，制度在组织中也需要不断地优化和完善。制度执行中需要听取员工意见。不仅重视当事人的意见，还要鼓励其他员工广开言路，这样才能保证后续工作不受影响。既然让员工参与监督，管理者就要对员工的监督意见重视，加以分析，吸纳其中正确的思想，并运用到管理中。

企业管理离不开制度设计和制度创新。这一环节抓得好，管理绩效方面就会事半功倍，否则不仅事倍功半，甚至会吃力不讨好。

最好的管理来自于最好的制度，最好的制度来自于最好的设计。将制度的设计目标与执行者的切身利益最大限度地结合在一起，是制度相关链条中不可缺少的一环。人性化管理的基础是制度的完善，它不能脱离制度而独立存在。人性化管理的出发点是尊重人、理解人。其基础就是在制度面前真正的人人平等。而要管人，先管自己，就是人性化管理的前提。

案例 8：合同修改

张伟的上司马建国是公司公认的有能力的领导者，精力旺盛，目光敏锐，能洞悉行业趋势，才华横溢，处事干练。此时恰巧研发部有一大客户需要马上就一个要签的合同条款进行修订，必须在今天敲定，按公司规定要分管老总马建国的确认才可通过，张伟一直找不到马总，电话一直也打不通，张伟应该怎么办？

做法 A：

1. 征求客户的意见看是否有其他解决方案，如换一个场合边吃饭边谈。
2. 凭借个人和客户的良好关系，看看客户能否延长修订时间。
3. 根据自己的经验进行合同的修订工作，与客户完成合同的签订。
4. 事后针对此次案例做详细的说明报告，并提出合理化的流程改进建议交给公司领导。
5. 因客户表示满意，事后张伟做庄，请马总吃饭，让马总变相了解这件事。

做法 B：

1. 如实和客户沟通，因为马总不在，自己权限所致必须等马总回来才能决定。

2. 因为此事给客户带来的麻烦向客户真诚道歉。

3. 用电话、短信、邮件等其他形式告知马总此事。

4. 用各种方法想办法联系马总，比如其他同事、家人、朋友。

5. 实在找不到领导，只能直接把马总电话给客户，让客户自己联系。

做法 C：

1. 用各种方法拖延客户。

2. 向公司总裁汇报，说找不到马总，让总裁给予指示。

3. 在得到授权后马上和团队其他成员商议，希望别人能出点主意。

4. 征求财务总监陈敏的意见，争取能让财务总监共同参与完成合同签订。

5. 在此期间由于担心客户不断追问，手机保持关机状态。

6. 事后因为也没有什么太大影响，掩盖修改条款这件事，假装没发生过。

做法 D：

1. 向公司总裁汇报，说马总有事不能审阅，向总裁指示，希望给予批准。

2. 收集以往修订合同的资料做参考，保证让自己所做修订降低风险。

3. 拿修改好的合同去找财务总监，询问他这是否符合规范。

4. 得知李娜和财务总监陈敏私交很好，拜托她帮忙和财务总监沟通。

5. 合同签订过程中和之后不断联系马总，第一时间让他知道此事。

6. 合同签订后等马总回来，请他吃饭，当面表示情况紧急自作主张。

统计表

	A	B	C	D
您的排序				

● 8.1　全面的理解团队与组织

查尔斯·汉迪说过：“在我看来，有时候组织会成为禁锢人们灵魂的监狱。我自己在组织中工作时常常会有这种体验。”组织的存在是为了实现目标，组织管理的存在是为了提升效率。管理者只有正确地了解组织和个人的微妙关系，才能驾驭团队。

首先，组织必须保证一件事是同一组人在承担

很多管理者都被复杂的组织关系搞得焦头烂额，无所适从。分析原因我们不难看到，很多时候我们没有理解到组织需要明确的责任、权利和目标。也就是说，你一旦承担起某个岗位的工作，你就必须将权利、责任和目标统一起来。在组织中如果我们看到组织臃肿、效率低下、人浮于事、责任不清、相互推诿的情况出现的时候，我们的第一反应就是团队的管理者在干什么？

在这里我们特意强化了管理者职能的概念，职能本身最容易关联的其实是责任，对于中基层管理者而言，权利和利益往往是虚拟的，而责任是明确的！很多人总是错误地理解为我没有权利和利益，自然就不应当承担责任，事实上这些认识都是肤浅的。

其次，在组织中人与人公平而非平等

组织中人与人的存在关系的基础是以实现组织目标为前提，当人与人之间开始承担各自责任和目标的时候，从而产生了权利的差别。这里，强调的是人与人是公平的，而不是平等的。

就这个案例而言，张伟作为部门的管理者，在这个与本部门有重大利害关系的矛盾中，他与下属、马总、同级部门、客户之间的关系当然是不同的，你不同的做法可能会引发不同的人际关系的矛盾和冲突，你必须迅速做出取舍，分清楚你的主次矛盾。

相对于组织而言，组织目标就成为高于一切的东西，管理者所谓管理行为答案的好坏，就需要不断地问自己“我为组织做了什么？”每一个管理行为的选择都需要服从组织的目标，这样的选择和状态才是合理的。当然，放在组织当中，还要充分理解组织中自己所处的位置，在承担责任的同时，选择相应的行为，你才会感受到因为帮组织实现目标的快乐。

再次，分工和方法是解决问题的利器

组织的能力来源于分工带来的协作，而矛盾问题的解决主要靠方法创新驱动的实践。在组织中，结构设计和人员的选择应该起到简化和澄清组织中核心的问题：谁控制什么的问题。在任何一家公司中，清晰的沟通线、控制线、责任线和决策线都是至关重要的。得到了这个清晰的脉络，需要分工的设计，不能够依靠人的自我管理，或者制度本身，组织结构本身就应该做好这件事情。

组织分工主要是分配责任和释放权力。而权力很多时候是隐形的，在于管理者自身的意识和使用的力度，往往逃避和妥协又容易得到他人和组织的同情，反而变相地降低了管理者管理的主动性和能动性。

这时候，管理者的能力就体现出来了，尤其是遇到问题和麻烦之后的专业和决策的能力体现得就更加明显。分工带来的责任，会驱动管理者能力的展现。

● 8.2 泛化的管理者职能

公司和组织处于一个非常混乱的变化的状态之中，这就要求各级管理人员要用变化的战略、灵活的执行、弹性的控制体系以实现组织的目标。原有的等级的汇报制度、机械的僵化流程和稳定不变的工作方法都会表现出极大的阻力。

以今天的竞争环境来说，降低成本和维持品质并存，核心竞争和多元经营并存，制度标准和创新管理并存，这些看似矛盾的并存现象是企业必须要面对的情况。这时候带给管理者的挑战就不仅仅局限于自身的专业、自身的部门、自身的领域，全面的管理能力和意识就需要管理者掌握，需要他们学习的东西实在是太多了，可笑的是，管理者自身可能觉得眼前这些内容和他们都没有关系。泛化的管理者的能力就变成了现实组织和管理者个人的挑战。

一方面，管理者需要学会混沌的思维方式

混沌的思维方式是相对于稳定均衡的思维方式而言的。稳定均衡的思维方式是我们习惯的组织管理思维方式，这种思维方式最在意的是如何确保所有的行动回归到预订的计划上来，管理者所努力的方向是保证结果与计划相符。所以在发挥管理者职能的时候会坚持控制和计划这两项管理职能。而混沌的思维方式则更关心目标实现的过程中，如何寻找到能够带来超乎寻常的结果，而不是仅仅限于计划与结果是否吻合。两种思维方式的结合，才能在偏离了均衡的状态下，找到那些改进的机会进而获得成功。

另外一方面，管理者必须要构建自己的弹性能力

这里的弹性能力指的是管理者能不借助任何外力，能够自己加压、自我超越的能力。不仅仅局限于本部门、本专业，而是主动涉猎相关的管理、经营、财务、销售等知识丰富和武装自己。组织的超越往往来源于管理者团队的弹性管理能力，很多企业总是在外在压力下才做调整，甚至环境改变了还幻想着能够对付过去，企业不能主动地做出改变，其根本原因在于缺少有意识和有能力的管理者团队。

● 8.3 管理者的职责转变：从过程管理向价值贡献转变

在《卓有成效的管理者》这本书里，彼得·德鲁克很明确地指出了管理者的职能所在，就是着眼于贡献。

传统管理者与有效管理者的区别是什么？传统管理者的第一个特征是被动性：专注于烦琐的事务，只关心眼前的事务本身，所以这些管理者所有的时间都在处理别人的事情上，简单地说就是传统管理者的时间属于别人。传统管理者的第二个特征是局限性：思考的问题往往只限定于本岗位、本部门、下属和自身，缺少大局观和预见性，导致部门之间的冲突、组织内部的斗争。传统管理者的第三个特征就是事务性：只关注于事务本身，忽略了对于团队和下属的理解和培养，不愿意、缺投入、没方法让下属成长起来。这就是传统管理者效率低下的很重要的原因。

管理者就是要贡献价值。管理者本身的工作绩效依赖于许多人，而他必须对这些人的工作绩效负责。管理的主要工作是协助同事（包括上司和下属）发挥长处并避免用到他们的短处。如果管理者能够贡献自己的作用，让下属和上司发挥绩效，管理者的绩效就表现出来，团队的绩效提升空间才能真正地显现。具体管理者的职责表现在以下几个方面：

第一个方面：全局意识

功能型部门管理者的基本职责是在相对有限的重点领域中培养起分析能力并进行管理工作。相比之下，业务部门领导则需具备多方面的知识，同时管理多个跨功能的团队，解决重要的组织性问题。作为一名管理者，关键是要学会进行综合型决策、解决综合型问题，甚至纵览全局来权衡利弊。业务部门管理者还要能够处理好各部门间的交叉事务，有些还是空白区，对企业非常重要。

第二个方面：解决问题

很多管理者都是因为解决问题的能力很强进而得到晋升，等到他成为管理者的时候，他就必须快速地将关注点从解决问题转向发现和预防问题。管理者就是要清楚地认识到形成中的威胁并优先处理这些事务，与组织协调后迅速推进问题的解决。

第三个方面：身份转换

管理者要为卓越表现奠定好基础，职位的晋升意味着责任的加重，管理者必须快速地从建筑工人向建筑师做转变。业务部门的管理者必须了解战略、结构、系统、流程、人才和团队是如何相互作用的。管理者必须设计组织原则、改进工艺流程、培养下属能力，从战术家变成战略家。

让管理产生绩效，最终体现在团队绩效的释放当中。在这个过程中，创新和变革往往又是很重要的一个环节，管理者就要尝试协调各方期望为积极的变革创造条件和环境。如果企业遇到了限制，管理者就会寻找新的思维模式和方法，直到他们找到新的方法，他们会确认自己的选择，并坚持不懈地努力。如果想让你的组织实现突破，管理者就不能给自己套上枷锁。你会为了能够给组织贡献更多的价值而挑战新的事物，欢迎新观点和新方法，坚信“不同的结果需要不同的过程”。

只有当管理者在最重要的工作中表现得最好、做到最好时，才会产生卓越的成果。实际上这就是精通之路。

第三章：沟通协调篇

思想是物体，语言表达是容器，交流是发送。如果说沟通像爱情一样，是最容易观察到的又最不容易理解的现象的话，情绪则是调节器，方法和手段将人与人、人与事、人与团队有效地黏合在一起。

一、沟通技巧

- **沟通是组织内的强力胶**

沟通作为组织成员传达信息，交换意见，化解冲突，统一意见，增进情感，相互扶持并建立顺畅的合作模式的手段，是组织紧密结合的强力胶。沟通是使组织内部信息有效传达的方式，是管理各个层级交互的手段，以便于绩效的提升。相对而言，凡是无法有效交流的组织，内部的士气大多低落，组织内部矛盾重重。而沟通涵盖三个层面，那就是经营的目标、达成目标的策略以及执行策略的具体行动。事实上，除了分享信息，各级管理干部也必须善于增进组织内部门间以及个人间的沟通，从而强化组织结构的润滑度，选择并训练德才兼备的员工，激励员工的潜能，引领其既精准又省时省力地完成任务，并对组织本身产生认同感、归属感以及向心力。

未来学家奈斯比特的研究表明，在一个组织中存在有三个70%：第一个是管理人员每天用于沟通的时间占所有时间的70%；第二个是组织中的问题70%以上存在的形式都是由于沟通不畅所引发的；第三个是一个团队成员在组织中的晋升，随着层级的提高，专业能力所占的比重会逐渐下降，而他与团队其他成员的沟通能力和水平所占的比重会逐步提高，甚至表明组织中高层管理人员的提升70%以上都是人际决定的。粗看之下，大家会觉得数字过于惊人，似乎不合情理。如果仔细想想，我们就清楚地意识到沟通在实际组织中的重要性。

管理者必须不断地提高自己的沟通能力，学会与上司、客户、同事、下属各个维度的成员打交道，经由沟通的梳理，组织内部的单位与个人才能产生认知与行为上的交集，提高协调与创新，为组织变革和问题的解决创造足够的条件。

• 沟通效果模型

人们通过语言和其他非语言的沟通体系，编码和整理神经表象，赋予其意义。事实上我们收集信息的方式主要依靠我们的感官来完成，我们收集图片、声音、感觉、味道、气味、语言、文字等以判断对方的意图。

沟通中我们要注意观察对方的细微的差异，在沟通过程中，人们在每个瞬间都有变化，根据这些变化我们可以捕捉到不同的意义。如果我们能很好地觉察和解读这些行为我们就会和沟通者建立亲和力和信任感。

而这种亲和力和信任感是相似的人之间互相有好感的原理。如果没有相似，不会互相喜欢。人们在喜欢一个人的时候，只要是对方愿意的什么都乐意去帮忙。大部分的沟通效果都发生在我们的意识之外。

具体表现在：

一、沟通是由7%的语言、38%的音调、55%的身体动作来组成

1. 身体的反应（55%）：姿势、身体动作、表情和眨眼、呼吸

2. 音调（38%）：声音、语调（高低）、语速（快慢）、音质（特色）、音量（大小）

3. 语言（7%）：感官词、关键词、共同经验和联想、内容组块等

二、相似的人互相吸引。亲和感是与对方共鸣的过程，当然不一定是好感

我们在获得了这些信息之后，经过大脑和感官的匹配和镜像形成，进而做出判断。

● 沟通类型测试

每个人都有自己信息获得的方式和方法，在这种情况下逐渐形成了习惯以及惯性。了解自己的思考和记忆的方式，有利于我们更好地收集和处理信息。不要去羡慕别人的人生，你看见的，并不是他们经历的所有。你只羡慕他们的光鲜外表，却看不到他们为此付出的代价和努力。

我们将沟通类型一共分为四类，在检查偏好表现系统的测试当中哪一项的分数最高就是属于哪一种类型。

V：**视觉型** Visual

视觉型人的坐姿是挺胸抬头，视觉朝上。呼吸比较短促。坐椅子时喜欢靠前，爱收拾，爱干净，很端庄。通常体型比较干瘦苗条。通过图片记住事物或事件，不太受噪音的影响。口头指示他们经常记不住，是因为他们注意力很容易分散。视觉型关注的是各位的程序看起来怎么样。对这些人来讲，看起来怎样非常重要。

A：**听觉型** Auditory

听觉型的人习惯左右移动眼珠子。呼吸不深也不急促。通常是喜欢自言自语的类型，由于噪音注意力很容易分散。擅长复述，大体上喜欢音乐和煲电话粥。记住步骤、流程和顺序。听觉型喜欢听自己是怎么做的。对特定的声调或词汇敏感。这些人比较关注你是怎样介绍程序的。

K：**感觉型** Kinesthetic

感觉型的人呼吸比较深，呼吸时还能看到肚子会鼓起来。好动，语速非常慢。对肢体的补偿和接触非常敏感。比起视觉型，喜欢挨着人站立。通过亲身体验记住事物或事件。如果感觉不错或他们能做的，他们会对你的程序感兴趣。

D：**逻辑型** Auditory Digital

逻辑型的人大部分时间都在自言自语。会试图理解各位的程序是否合理。逻辑型可能还会表现出其他主要表象系统的特征。

- **检查偏好表现系统测试**

下面偏好度检查中认为最符合自己的编号，填写在各个问题的前面

4= 最能描述我自己

3= 描述比较符合我

2= 描述不太符合我

1= 最不合适描述我自己

1. 我做出重大的决策时，最影响我的因素如下

直观的感觉

他人之言

整体的概况和协调

细致入微的分析和研究

2. 与他人争论时，我的反应比较敏感的是

对方的音调

对方争论的样子

对方的争论内容

对方真实的情绪

3. 变化时，下列因素也有变化的倾向

着装和化妆

情绪的表现

语言或用词

语音的状态

4. 我比较擅长

打开音质好的音响听音乐

对自己感兴趣的主题进行逻辑性思考

选择最舒适的家具

选择颜色搭配最完美的设计

5. 最能代表我的描述是

我对周围的噪音很敏感

我在分析某种事实或资料时，关注逻辑性

我对衣服的触感非常敏感

我对室内的家具布置或颜色非常敏感

6. 别人如果想了解我

体验我所感受到的

认同我的观点并观察我

注意倾听／观察我的语言或表现

关注我的行为或话语的意义

7. 我喜欢

倾听他人

制定计划时，先绘制整体的框架

有信息或资料时，建立逻辑体系并进行整理

初次见面时关注对方的感觉

8. 我这个人……

除非亲眼所见，不太相信

对方可怜兮兮地哀求，我很难拒绝
凭感觉是对的，不管三七二十一都会接纳
只要是合理的，我会接受

9. 我在感觉到压力山大时……
听音乐
读书思考
舒适地躺着休息
欣赏美好的景色为背景的电影或画作

10. 只有一面之缘的人，我可以通过下面的方式回忆起
长相或着装打扮
声音
对他的感觉
猜想他的职业或从事的工作

偏好表象体系打分

1. 将问题的分数依次填写在下面的空白表格内
2. 将各个记号的分数加起来，计算每个类型的总分
3. 绘制曲线图

分数表 1

问题编号	1	2	3	4	5	6	7	8	9	10
1	K( )	A( )	V( )	A( )	A( )	K( )	A( )	V( )	A( )	V( )
2	A( )	V( )	K( )	D( )	D( )	V( )	V( )	A( )	D( )	A( )
3	V( )	D( )	D( )	K( )	K( )	A( )	D( )	K( )	K( )	K( )
4	D( )	K( )	A( )	V( )	V( )	D( )	K( )	D( )	V( )	D( )

分数表 2

	V	A	K	D
1				
2				
3				
4				
5				
6				
7				
8				
9				
10				
总计				
	V	A	K	D

[曲线]

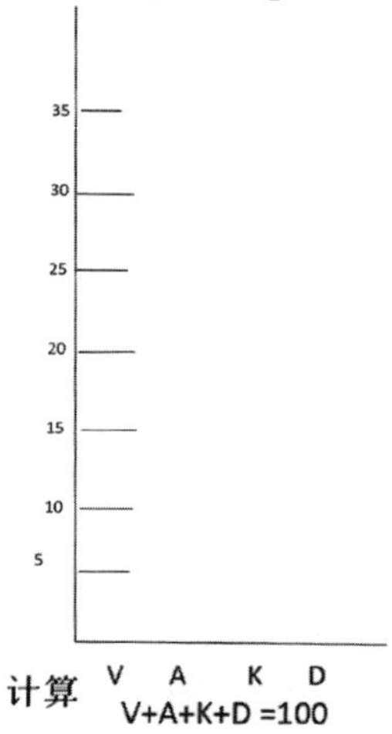

- **沟通的两大困境**

在沟通过程中信息的收集是非常重要的，事实上在信息处理的过程中，三个方面会往往导致我们说了“假话”：删减、普遍化、扭曲。也就是说我们听到对方的每一句话都是经过别人的大脑处理之后的信息。

这时候就会由于每个人的经验、价值观、学历、民族等的偏见带来理解的偏差。偏见是人们基于不充分了解的基础上产生的难以改变的厌恶之情，这种厌恶感可以直接针对整个群体，也可以针对属于该群体的某个个体。人们对偏见的看法侧重于其非理性、难以改变和消极的性质，对偏见的具体表现形式和成分并没有做出明确的阐述，而且其中偏见的概念主要来源于信息的不对等和情绪、感受的冲突。

面对“假话”，沟通中传统的做法并不是先去把“假话”进行还原，而是直接针对对方的“假话”进行回应。这样很容易把沟通变成一场战争，而战争是没有赢家的，这就是我们日常沟通中的“赢道理、丢感情”。

说到这里，沟通表达中最重要的两个维度就是要么你必须了解对方的情绪和动机，要么你必须认识到事情的真相，这时候我们才会做出正确的、合理的、科学的决策。

管理者缺乏沟通以及方式的不合理，都会造成员工对管理者产生不满和失望的情绪，对工作也很难提起热情，导致生产效率低下，企业的经营效果变差。甚至会造成企业实际问题被隐藏起来，问题严重时甚至会出现无法解决的局面，给企业的经营带来致命的打击。同时管理者还有可能缺乏相应的沟通技巧，缺乏与员工的语言沟通能力或是口头、书面表达能力，这些问题的出现，将使企业管理无法正常地进行。

建立和选择有效沟通结构：管理者根据企业的规模适时调整企业内部的结构，实现扁平型组织管理，这种结构可以有效地提高信息的原始性。但是也要充分认识到企业扁平化信息管理带来的是大量原始信息，这些大量而繁杂的信息存在着不利于分析的弊端。因此要合理地控制内部沟通结构和级数，合理的信息传递链长度既能避免失真，又能满足信息使用效率。同时也要建立多种信息传递路径和方式，这样可以有效避免单一通道发生阻塞时带来的信息不畅。同时对比各种渠道获得的信息，可以有效提高信息上、下传输的真实性。

增强管理者的思想意识和沟通能力：企业沟通不仅需要良好的通道、完善的制度，而且需要管理者对自身进行考虑，使自己真正意识到沟通的重要性，因为企业内部沟通效果如何将直接影响着企业生产能力与生产效率。同时要正确认识到企业管理沟通的内容不仅仅是单一的统一意见，同时也要让企业员工进行交流，吸取精华部分为企业发展所用。管理者要高度重视沟通，并在行动上，积极主动地构建企业沟通网络，以多样化的沟通方式，为企业员工提供一个高效的沟通平台，从根本上使企业内部的沟通效率得到提高。

建立良好的自下而上的沟通方式：自下而上的沟通最常见的目的是对正在进行的事情的反馈，使员工有机会参与与其工作相关的事务组织、政策的制定。从而调动员工自身热情，使员工积极参与到企业建设当中。

员工畏惧心理导致信息隐瞒：通常在企业自上而下的沟通中容易形成权

力气氛。企业的员工在面对领导时，心里存在着莫名的自卑感和恐惧感，总是认为自己的意见基本不会得到领导的青睐，存在着多一事不如少一事的想法，害怕引起不必要的后果，往往造成下属向上级报告时，只是拣好听的说，对一些不好的消息，采取隐瞒的处理方式，而这些被隐瞒的消息中存在着某些重要的信息。因此对于这些重要信息的屏蔽势必影响企业的正确决策。

横向沟通和斜向沟通：企业内部日常信息交流少不了跨部门进行联系。这种联系既有不同部门的同等地位人的联系（即横向沟通），又有不同部门不同地位的人的联系（即斜向沟通）。这种交叉的沟通方式有利于提高效率。跨组织的交流可以比正常途径更快速地获得信息。因此有效的横向斜向沟通技术，对于提高企业运行效率，提高决策的反应速度很重要。

正确的引导“非正式组织”：在任何企业中“非正式组织”的产生是不可避免的。它的互助性有利于基层更好地完成任务。并且由于这一层原因，管理者更愿意授权，依靠下级完成任务，可以使得员工工作环境更加宽松，增进彼此的信任感。管理者还可以通过其提供的反馈进行管理政策和工作计划的修改。

• 米尔顿催眠语言模式

米尔顿·艾瑞克森在催眠时，通常都会系统地使用语言，以一种不寻常的方式进行催眠，而这种充满诱导的语言模式确实能有效地降低催眠者的内心阻抗。我们在这里选择学习米尔顿语言模式一方面想让大家认识到管理的复杂性，要想解决问题，首先解决情绪和人际；另一方面我们要让管理者认识到，在沟通中如果能系统地将你的沟通行为和这些模式合并，我们可以大幅改善沟通效果。

米尔顿语言模式的本质就是要降低阻抗，改善沟通的氛围，提高亲和感，更了解和明确对方的情绪和动机。米尔顿语言模式拥有众多的应用方法，我们在这里只选取对于管理者而言最重要的八种模式。

1. 因果关系

暗示了一个事情引起了另一个。

例句：原因造就结果

如果……那么……

如果你……那你就……所以……

2. 假设

语言相等的假设。

例句：你正在学习很多……

3. 以偏概全

普遍的一般化或者无特定的指示对象。

例句：一切，所有的……

4. 能力限制

通常是来源于生活的规律。

例句：你可以学习……

5. 动词不明确

不受形容词或副词修饰词限定的动词。

例句：你可以做到……

6. 假设性对话

提问式的对话。

提问时可以用“是”或“不是”来回答的问题。如果对方希望做什么，这是最好的方法。对方在没有意识到的状态下会做某种行为。由对方选择回答与否，所以对话中能避免自以为是。

例句：你是先做语文作业还是先做数学作业？

7. 隐喻

考虑到只有人才会有感情，我们会用拟人化或替代的方式让别人接受你的观点。

例句：黑格尔曾经说过：每个人都是卑贱而屈辱地活着……

8、含糊不清

通过发音、句法、范围等的模糊处理，以达到让对方舒适的目的。

例句：听，这儿……

销售员是苦差事……

对年轻人而言……

• 梅塔语言模式

要实现畅通无阻的沟通，管理者必须确保自己的想法被人理解。让人理解会受到听众的特点而制定。事实上无论在何种场合，在现场回答问题，在会议中表达意见，讲解复杂的产品，或是为自己或公司做宣传，清晰的沟通都必须遵循三条原则：

分析——直达核心

管理者所表达的信息必须分三段进行阐释，三个维度或三个层面的描述将促使管理者迅速切中任何话题的核心。而三段式的话题组织成逻辑上相互衔接的片段，并帮助对方认同或记住自己的事实和论点。

分离——区隔分明

将思想彼此清晰地区分开来，就能保证自己在对方消化完第一个思想后，再给出第二个思想。

推进——逻辑清晰

按逻辑顺序整理自己的思想，这样，每个思想都建立在上个思想的基础之上，从而形成向前推进的力量，有助于说服对方。

梅塔语言的本质是了解“真相”，迅速解决问题，产生行动，达成结果。当然，在原理上要想掌握更多更全的信息，我们就要不停地询问，打破砂锅问到底。连续、多次、反复的询问有利于了解真相的全部，如果能掌握一定的规律效果就更好，例如6W2H。

梅塔语言的难点在于任何时候你的表达都必须分成三个部分，那么为什么一定是三个部分呢？

第一：有说服力

如果用相机支架打个比方，三条腿的支架就能稳固，只有两条腿就会跌倒。而同样，如果拥有四条或五条腿一方面更难平衡，当然也浪费材料。

从亚里士多德时代开始，三段式论证主导了西方思维长达两千多年。黑格尔的辩证思想：正、反、合，也是辩证唯物主义的核心历史分析形式。

第二：节奏性强

三段式能够创造推动力，即一种内在的变化或驱动力，来把对方从第一点、第二点推进到第三点。如果我们不能产生这种前进的动向，就无法带动对方，他们就会对讲话无动于衷。

第三：容易记忆

如果沟通的信息超过了三个部分，比如五个、六个甚至七个部分，对方就容易迷失方向，就有可能让记忆不堪重负。

• 体验沟通中的“三”

艺术中的“三”

3 种原色：红、黄、蓝

3 种非彩色：黑、白、灰

希腊的三神柱

爱奥尼亚、多里安人、科林斯

时间顺序中的“三”

昨天、今天、明天

过去、现在、未来

上午、下午、晚上

数学中的“三”

三角形

立方体

三次方

哲学中的“三”

正、反、合

本我、自我、超我

思想、身体、精神

科学中的“三”

固态、液态、气态

动物、植物、矿物

长、宽、高

生活中的“三”

时间、地点、人物

剪刀、石头、布

汉堡、薯条、可乐

经度、维度、海拔

重要的事情说三遍!

• 讲故事的技巧

讲故事是检验管理者沟通水平的重要工具，在采用米尔顿语言模式和梅塔语言模式的过程中，讲故事就是调节器，它用来判断我们收集信息的真实性、有效性和实用性。

然而，如何讲好故事，把故事演绎得绘声绘色、声情并茂，那就要看管理者的真功夫了。讲故事，既然是“讲”，那当然主要是靠管理者的语言表达能力来呈现了。因此，讲故事过程当中的语言组织是讲好“故事”的重要手段之一。

培训师在讲故事时可以通过全感官演绎的方法对听众的感知进行刺激，达到讲好故事的目的。什么是“全感官演绎”？就是要符合 VAKD 的原则，四种类型的人在接受外界信息和处理事情的时候有着不同的特点：视觉型的人看世界，听觉型的人听世界，感觉型的人感受世界，逻辑型的人理解世界。这四种类型的感官认识在每一个人身上并不是孤立存在的，而是在同一个人身上同时存在的。也就是说，每一个正常的人都是通过视觉、听觉、感觉、逻辑在感知这个世界的。如果在讲故事的时候能同时照顾好四种类型的感官，通过感官的作用让听众通过大脑创造出一幅全息的景象，塑造一种身临其境的效果，讲故事的目的也就达到了。

如何刺激听众的全感官感知?

1. 语言文字的组织

视觉型的学员对“看到”“看见”“展示”“清晰”等跟视觉相关的词语更为敏感，因此在讲故事时运用视觉描述的词语更能刺激学员的视觉感官；听觉型的学员对“听到”“听来”这些跟声音相关的词语更为敏感，因此在讲故事时运用声音描述的词语更能刺激学员的听觉感官；感觉型的学员对“感到”“捉住”“闻到”“触摸到”等跟触觉、嗅觉、味觉等相关的词语更为敏感，因此在讲故事时运用感觉描述的词语更能刺激学员的感觉感官。

因此，管理者在拿到故事的原版内容之后，应对故事进行相应的加工，把能描述故事进程的动词或形容词、象声词尽可能用能刺激视觉、听觉、感觉的词语进行表达，经过加工后的故事，管理者讲起来更容易演绎得绘声绘色、声情并茂，从而引导听众展开大脑的联想作用，储存在大脑里的相关图景得以再现，听众在不知不觉中就被带进了故事的场景中。

2. 声音和肢体语言的配合

也就是说，通过文字的加工，故事里虽然已经有了包含刺激全感官感知的词语，但如果不通过“讲”和“演”来呈现，听者终究是无法接受故事的信息的。因此，管理者的声音和肢体语言的运用，是故事演绎是否成功的重要因素。声音的运用，主要是从音量、语调、语速、重音、停顿等方面的控制来进行演绎，注重的是对听觉的刺激；肢体语言运用，主要是从目光接触、表情、手势、站姿、走姿或教具的使用等方面进行演绎，更多的是对视觉和感觉进行刺激来达到演绎的目的。声音和肢体语言的运用，需要管理者经过练习才能得以娴熟地运用。

综上所述，讲故事的全感官演绎，实际上是需要通过讲故事前的“编”与讲故事过程当中的“演”来刺激对方的视觉、听觉、感觉，达到吸引对方的目的。总之，讲道理不如讲故事；讲他人的故事不如讲自己的故事；讲自己的故事不如演自己的故事；演自己的故事不如演得跌宕起伏。

二、对上沟通——扔掉大象

领导力由两个主体构成（经理和下属），理想状态下，这两个人将一起努力完成共同的目标。他们彼此影响着，根据不同的任务环境，不时地调整相互能够匹配的形态。双方都对完成任务起到决定性的作用，都有责任去完善彼此之间的关系。

然而，当你的经理或者是上级的管理者——排除主观意愿因素——仍旧无法满足你的需要，怎么办？假如你需要从他那里获得更多的指导和支持去完成工作，怎么办？你能做什么？回答是肯定的，你要成为自我领导者——这并非要推翻原本的上下级间的关系。在《向上管理高尔夫实战训练》里，自我领导指的就是关于你自己如何更有效地通过向上的沟通获得更多的资源。要成为一名自我领导者，意味着运用一种更加灵活的柔性管理方式，去与上司经理沟通，以使任务达成，并使双方满意。这就需要你先明确自己的角色，向上司清晰地提出自己的需求，并找到一种方法来有效地获取指导和支持，同时保持彼此间的信任和尊重。

下对上沟通主要包括的内容如下：

1. 组织运营策略的相关信息
2. 实际运营执行情况
3. 有关团队成员的情况和问题
4. 有关自身工作相关问题的信息

为了保证沟通顺畅且有效，需要关注六个方面：

1. 简化沟通的流程：组织管理若陷入繁复琐碎的沟通流程，则会导

致上级与部署浪费许多不必要的时间在处理徒具形式而缺乏实质意义的公文往返上

2. 先建立初步的共识再进行正式沟通

3. 不仅仅要关注事实和逻辑，也需要做到价值观和信念的一致

4. 可同时陈述各种选择方案，并尝试选择最理想的方案

5. 随时评估真实的信息，作为调整沟通信息内容和方式的参考

6. 下级应体谅上级处理信息时，不论质与量均极为慎重，因而与上级沟通的过程中，尽量提出重点摘要与具体建议，以免上级面对的是千头万绪的信息本身

案例9：石沉大海

最近与上司沟通变得越发困难了，张伟做了充分准备的新技术研发方案，在马建国这里搁浅了。更让人困惑的是接下来张伟又修改了几次方案，却都没有给予是否启用的回复。张伟现在该怎么办？

做法A：

1. 主动去找马建国仔细了解他的工作思路和想法，同时介绍一下自己的思路。

2. 明确询问希望他提出对这个方案的看法。

3. 适时的去找马建国询问自己方案的可行性以及何时开始执行等具体事项。

做法B：

1. 正好前两天回老家带了一些家乡土特产，提一些给领导。

2. 根据经验不断地完善自己做的方案，同时通过日常的观察去判断一下马建国的脾气和思路。

3. 马建国如果都不着急下达指令，那就再等等，总会决定下来的。

做法 C：

1. 去和马建国管理的其他部门经理聊聊，看看大家都怎么面对领导的，能达成统一战线最好。

2. 之前自己做的方案已经比较完善了，目前马总没有反馈，自己就逐步缓慢地开始运作起来，以免到时候来不及。

3. 如果马总执意刁难，那就和他解释一下，自己也是为了工作，总拖着不是办法。

做法 D：

1. 研发部算是一个比较新的部门，大家对于工作内容和流程都是新手，很多东西并不十分专业，找机会多出去学习学习。

2. 请马总参加一次部门的例会，一来让马总了解一下实际一线的工作状况，二来借机询问一下这个项目马总的意见。

3. 对于马总布置的任务不要一下投入大量的资源和精力去做，先要摸清楚领导的意图和目标。

统计表

	A	B	C	D
您的排序				

• 9.1 扔掉大象的来源

管理者未来的成功很大程度上取决于上级领导的支持与提携。那么在上级领导的心目中更期待下属做到什么样的程度呢？本质来讲是通过下属的努力，直接或间接地帮助上级获得成功！

我在这里选择用商业评论家、CBS公司的行政副总裁斯坦利·宾撰写的《扔掉大象：管理上司的艺术》为“管理上司”提供理论上的支持。

所谓大象，就是上司。作为下属，在驯象的旅途中将经历控制、管理和扔掉大象等初、中、高三个阶段。首先，我们要为大象的到来做好准备，镇定地问候大象，学会使用大象的语言，为大象清扫垃圾，用大象所需要的信息喂饱他、照顾他、赞许他、在他胜利时为他庆贺、在他失意时抚慰他……逐渐地，我们学会了信任大象，虽然他们有时不值得信赖。我们即使认为自己聪明绝顶，也必须按大象的命令行事，这样就要找到一种平衡，比如不易察觉的巧妙违抗……到了最后，我们可以举重若轻，慢慢地扔开大象。

任何一个组织都存在上下级关系，上司管下属天经地义。而谈论管理上司似乎有些离经叛道。其实，早在1986年，彼得·德鲁克在《怎样管理上司》里就对这个话题进行了探讨。德鲁克的研究对象是“经理”级员工。他首先纠正了对“经理”的错误认识。“经理”的传统的定义是“对下属工作负责的人”。实际上，经理负责的对象是“任何能影响他的绩效表现的人”，其中当然包括了上司。

对一个下属来说，什么该做，什么不该做，德鲁克列了个清单。下属首先要明确：自己的职责和利益同上司的成就密切相关。下属应该问的问题是：“你期望我和我的人做什么，才能对你的工作有帮助？我们做的哪些事会妨碍你的目标实现？”其次，下属要清楚上司也是普通人，不能去改造上司、教育上司或是让上司的举动符合商学院和管理书中的标准。下属要想：“老板希望我多长时间汇报一次我的计划、表现和问题？我是采用正式的书面报告好还是口头汇报好？”“我该一早就把报告放在桌上还是下班前交去？”“老板的强项弱项在哪里？我该怎样来帮他？”最后，下属要清楚老板对他们的期望。

下属不该做的事情包括：首先，别让上司感到意外。不同的上司对于意外的发生有不同的反应，有的仅仅需要知道一些警示性的提醒，有的则会要求详细的报告。但不管什么领导，都需要在意外发生的时候有应对之策，下属的防范工作做得不好，就会失去信任。其次是不要低估上司，即使他们看起来什么都不懂。最糟糕的是，他们一旦识破你的小把戏，你就等着受惩罚吧。

对于管理者而言，如何让你的老板取得成功，你要有自己的判断，你还应该与老板就他喜欢的工作方式以及他对你的期望取得一致。在经过了初期的磨合之后，我们就要回顾一下我们之间的合作，看看哪些方面还需要改变，哪些方面还可以进一步获得改进，这对于我们的职业生涯有巨大的帮助。

• 9.2 扔掉大象的第一步：比邻大象，建立良好关系

在实际的管理工作中，你与上级之间的关系甚至决定了你的未来。你的上级在你的前途上扮演着非常重要的角色。上级对于你职场的帮助可能有很多，例如，获得宝贵的信息、资源，为你个人的前途争取重要支持；当你面对困难的时候，上级的建议、观点对你非常重要；当你失败、落寞的时候，上级的观点将保护你、降低你的损失。

在现实的组织中，好的上级关系绝对有助于你顺利地度过各种动荡，更为严重的是一旦与上级关系欠佳，将会产生严重的后果，影响力、信息，忠告、资源不足，以及缺乏未来发展的动力。

说起来这些道理大家都懂，只是现实还是富有挑战性的，尤其对于那些过去是明星员工，到了管理者的角色上之后，恐怕会觉得更加困难。过往的经历中，你可能很少主动与上级互动，没有太多可以总结的经验，因此也未能培养出担任管理者以后必须拥有的向上沟通的能力。

作为下属我们要尝试建立我们和上级的亲和感，也可以说是一种让领导产生“被尊重”的感受，在一个组织中，这种“情感魅力”，往往比较容易建立与其他成员的良性互动关系。尤其是对于上级而言，一旦建立了这种感受，与他进行沟通时，因已得到对方的信赖，所以不必多费唇舌展现其信息的可信度，大大提升了沟通的效果。最常见的例子，就是每当组织内发生冲

突而难于化解之际，某一位“德高望重”的上级成员，会成为排忧解难的要角，因为他的出面，各方均不得不买个“面子”并做若干退让。

公开的“摊牌”是一种方法，就是创造机会与上级能够好好坐下来，建设性地探讨工作，德鲁克的话一定要记在心间，不要尝试去改变别人，当我们无法改变别人的时候，试着去调整自己。当然所谓的公开是你与上级两个人之间的坦诚的交流，很多时候忠诚不是说出来的，而是需要用明确的行动来表现。大多数情况下，你最多只能让他朝着对你比较有利的方向偏向一点点，这其实就已经非常不错了。

如果说当年德鲁克在探讨这个话题的时候还仅仅考虑下属该做什么和不该做什么的话，那么，1993 年，约翰 · 加宝罗和约翰 · 科特在《管理你的上司》一文里，就开始把这个话题深入到上下级关系的管理上。

他们指出，在对上级的关系上有两种错误的态度：一种是超脱派，他们抱着“万事不求人”的态度，不热心从上级那里寻求支持、得到信息和资源。其结果是与上级发生不必要的冲突和误解。随着事态的恶化，这一派人会发展成敌对派。因为缺乏沟通和了解，一旦出现问题，他们便视上级为敌人和阻碍。当上级感受到这种敌意时，就不再信任他们。另一种是依赖派，把上级看成无所不能的人，故而凡事都依从上级的指令。实际上，上级也会犯普通人的错误，下属不及时提醒，上司的错误会扩大，最终受损的是公司。

解决的办法就是我们要采取合适的工作风格。如果上级是个善听的人（Listener），你就采用当面汇报，事后提交备忘录的方式；如果上级是个善读的人（Reader），你就采用先写报告，再同他们交流的方式。领导喜欢事必躬亲，你就随时与之互动；领导喜欢授权，你就大事汇报，小事自断。

明确期望是要了解上级对某件事或问题的看法，尤其是任务刚刚开始的时候，到结果产生的时候才同上级交流是不够的，值得推荐的做法是：起草一份备忘录，写入自己的工作设想等，交上司过目，然后及时跟进，进行讨论。

说到底，比邻大象的核心是你的态度。很多时候，部分管理者会极端地将尊重过分地解读为“关系”的迎合，甚至放弃自我的原则和组织的利益，其实是不对的。一方面你会过度沉迷于过往的认知和经验中，另一方面，也可能会过度服从权威。毫无质疑的顺从、单纯的执行有的时候也是行不通的。

在沟通的三要素信息、问题和情感中，情感会占有相应的比例，尊重他人、学会倾听、了解真相这才是对于一个管理者非常重要的能力。事实上每一个管理者可能都要在这两种身份中不停地转换，大家是相互依存的关系，只有相互信赖、相互尊重、相互提携，我们才可能获得成功。这就像你不希望过度依赖下属，你的上司也不希望过度依赖你或其他下属。

• 9.3 扔掉大象的第二步：影响大象，学会承担责任

如果我们知道了上级的性格、需求和喜好，能够采用他们喜欢的工作和沟通的方式，我们会发现工作上你与上级的矛盾就会减少很多。

那么究竟上司对于下属的需求是什么？按照重要度和先后排序依次为：

第一、给予支持；

第二、执行指令；

第三、承担责任；

第四、分享信息；

第五、提供方法。

我们可以清晰地看到，排在第一位的是给予支持。给予支持是对与你工作相关的人的了解，尤其是你必须知道你要与谁工作、为谁服务、帮助谁支持决定。

如果你要在管理工作上有杰出的表现，就必须清楚公司重要决策背后的原因。或许你的上级是盲目跟随上级的人，还把高层决策全部视为机密，视你为外人。

你要尝试一切的努力去了解上级的期待是什么？他们对于你的要求是什么？他们是不是能接受你的方法和建议，尤其是当他们遇到难处或者反对意见时，他们是否需要你的支持和协助？你必须成为上级的“心腹知己”，这样你才能获得足够的支持。

支持与忠诚。当我们内心中认可了我们与上级是伙伴的合作关系的时候，就意味着我们需要将这种支持与忠诚通过某种手段表达出来。沟通都是双向的，我们希望得到上级的关怀，你的下属希望得到你的赏识和表扬，事实上你的上级也需要你的关心与支持。

这种支持部分时候会超越任务或工作本身，尤其是与上级的意见不相同的时候，才是真正考验每一个管理者的时刻。为了组织的目标，为了协助上级的成功，你必须做到全力支持。如果有不同意见，你必须要告知上级，忠诚和信任会帮助你偶尔获得表达不同意见的机会。有时候很奇怪的是，很多管理者不理解，为了维持上级的权威和尊严，当你真的很同意上级的意见时，你必须大声说出来，帮助领导获得更广泛的支持！当你不同意上级观点的时候，找机会在适当的场合给予上级更多的思考。切勿以牺牲上司为代价来换取自己的利益。大家是命运共同体，每一个管理者都应该努力帮助上级发挥他的长处，克服和避免他的缺点。

行动与责任。事实上管理者与上级的关系是建立在团队的绩效上，而且更重要的是这不仅仅是绩效结果，还包括我们达成绩效的过程。而让领导者满意的往往是参与度最高的团队，具体就表现在你的忠诚不是建立在口头上、嘴巴上，而是建立在行动力、执行力和责任感上的。

案例 10：接待方案

张伟现在遇到一个棘手的问题就是和上司意见不统一的时候怎样既保证工作成果、又能和上司相处和谐。在市场活动日策划中，在如何接待重要嘉宾的方案上，他和马建国不能达成一致。马建国提出要用人盯人接待的方法，张伟提出分区接待方案。但马建国怕出问题，还是要张伟按照他的想法做。

马建国想确认一下张伟的选择，如果你是张伟，会怎样和上司沟通？

做法A：

1. 马上就到领导办公室去。
2. 和上司沟通时，先听上司说，不打断、不解释。
3. 对上司的建议确认清晰，并尽可能的执行。
4. 表达自己对一些细节上还有些不清楚，希望领导帮助。
5. 走时保证一定执行到位。

做法B：

1. 把手上的事情做一个简单收尾，然后整理一下思绪尽快去上司那里。
2. 沟通中主要目的是了解上司的观点和想法。
3. 委婉地询问一下自己的方式如果可以保证效果是否能尝试一下。
4. 在这之后多和上司沟通，了解他的想法。

做法C：

1. 以自己手上有一个紧急事件需要处理为由，下班前一会儿再去找上司。
2. 见面先和领导套套近乎，聊聊新闻话题。
3. 表达自己工作上存在的困难。
4. 在组织会议中表达对于领导的不满。

做法D：

1. 到上司办公室前，先问问刚和领导沟通过的小张，了解领导目前的情绪状态。
2. 顺便和同事诉苦，说领导太保守。
3. 到上司办公室先对自己工作未完成表示歉意。
4. 领导说的时候做些记录，尤其是对他所说的方案，以便后面提出质疑。

5. 适当的表达你对此事处理方法的立场和观点。

统计表

	A	B	C	D
您的排序				

• 10.1 扔掉大象的第三步：扔掉大象，选择恰当方法

职场内上下级的沟通或多或少会因为沟通方式不当，产生过一些误解，吃过一些亏，甚至造成过一些不可逆的后果。

争输赢？论对错？还是要结果？

我曾经遇到过一些别人看来很棘手的沟通，然后做了一些别人看来很受委屈很憋屈的妥协。但其实我自己并没有感受到不舒适，因为我只关注那个最终目标是否达成，而所有的“妥协”或“低姿态”只是帮助达成目标的手段而已。

我们常常会在争输赢论对错的过程中，忘了初衷忘了目的，为了所谓的“自尊心”生生把通往目标的路径给堵严实了。

有时候一句对不起，可以解除棘手许久的误解。也许你会反驳“我没错，我为什么要道歉？”

你也许真的没错，甚至可能是领导的错。可你的目标如果是和对方缓和关系，冰释前嫌，友好合作，那明明可以用“对不起”三个字解决的问题，何必为了不重要的谁对谁错僵持不下，火上浇油呢？

目标是让领导喜欢你、帮助你，那就让领导和你相处起来感觉春风拂面，轻松无压力；在沟通的过程中可以多用鼓励、赞赏、崇拜等方式，少表达观点，尽量不反驳，多说“你”少聊“我”，把注意力都放在问题身上。

这比较难拿捏，有时候可能会变成奉承和谄媚的即视感。夸奖、赞赏和崇拜，多少还是需要出自真心的，否则特别容易假惺惺，用心去挖掘优秀的点，

然后放大，并且毫不吝啬地表达出来。

在闭上嘴，把说话的机会让给别人后，我获取到更多的信息；在用心去凝听语言背后要表达的诉求后，我避免了许多吃力不讨好的思考和表达；在把注意力集中在目标和结果上后，我不会因为过程中的“妥协”和“委屈”而影响到情绪；在放下输赢对错的执念后，我省去了许多不必要的麻烦，并且收获更多帮助；在发掘他人优点的习惯养成后，我看到那么多值得结交的朋友和可以学习的对象。

沟通，说起来容易做起来难。因为，需要沟通的问题往往与利益有关，与矛盾相伴，与情感相随，与职务并行，这些因素相互交织，使沟通变得复杂起来。

沟通的复杂性，在表面上表现为不想说、不好说、不敢说、不能说、不会说；不想听、不好听、不敢听、不能听、不会听。

造成这种情况的具体原因，包括信息的不对称、话语权的不一样、性格的差异性、涵养的深浅不同、观察问题的视角相左，等等。

因此，在与上司的沟通中需要掌握一些技巧，从说的一方来说愿意说，说的时候说清楚，听的时候既要尊重对方还要听清楚，保持足够的耐心，反复确认双方的观点。一是换位思考，将心比心。二是善于妥协，求同存异。三是顾全大局，着眼未来。具体表现在下列五个技巧：

技巧 1：了解上级需求。上级最关注什么，他一贯的价值主张是什么，这些都是与上沟通必须要了解的。站在上级角度，看待自己的工作，是对上沟通的起点。

技巧 2：辅助上级决策。让上级做选择题，别做填空题，最好也别做判断题。

按照 SOS 模式操作，Situation（背景），Options（方案），Suggestions（建议）。对多个方案进行排序，同时各陈利弊，请上级决策。

技巧 3：超出上级期望。始终以高标准要求自己的工作，超出上级的预期完成工作，是职场获得快速发展的高效途径。

技巧 4：提供最新信息。及时更新上级决策所需的信息，养成主动收集行业信息的习惯，然后整理编辑与同事共享。

技巧5：学会及时补台。上级不是每个领域的专家，上级也有不专业的时候，作为下级，要提供及时充分的信息，以利于上级做出正确判断，有效对外界回应。

对上沟通：五个注意事项	
产生分歧时	不正面交锋，迂回沟通，与上级不拼蛮力
感觉委屈时	心胸开阔些，既往不咎，跟上级不耍脾气
做出成绩时	要居功不傲，衷心感谢上级的支持与帮助
遭受误解时	态度上示弱，收敛锋芒，主动与上级沟通
请求帮助时	理解上级，不强上级所难，要提合理要求

● 10.2 扔掉大象的第四步：变成大象，超越领导预期

在与领导的日常交流中，你可以尝试从其人的言谈举止中寻找一些信息。所说的话、所做的事固然重要，但背后隐含的价值观往往更加意义深远。若想与领导有效沟通，我们需要遵循三个“1”的原则。

第一个“1”：明确一个目标

即和领导私下交流的目标。好多人会问：这还需要明确吗？是的。许多人和领导之间，之所以不敢说、不会说，有个很重要的原因是：不明确交流的目标。

让领导知道我们、了解我们，只是浅层次的目标，深层次的目标是让领导通过知道、了解我们，然后再信任我们。建立彼此间的信任关系，是私下场合和领导沟通的目标。

第二个“1”：改变一种思维

在绝大多数人的成长过程中，父母、老师、身边朋友对我们的评价，主要是基于我们取得的成绩，如学习成绩、工作成绩等。所以，这导致我们容

易形成思维定式：在和领导交流时，要尽可能把自己的能力、水平展现出来，给领导留下好印象。

试想一下，我们最信任的朋友是什么样的？

应该不是能力最强、口才最好，更不是夸夸其谈、四处表现自己的，而是彼此谈得来，心理上比较契合、投缘的。

所以，和领导之间要有交流的感觉，避免刻意为之，才能建立信任的基础。

第三个“1”：坚守一种品格

对上沟通的时候，真诚是非常重要的一种品格！

我们大家都听过一句话，真感情就是好文章。所以，真的东西就一定能够影响他人。

在与上司沟通的时候，如果你是发自内心地为他人好，你是发自内心地想帮助他，你是发自内心地想把工作做好，无论你的语言是什么样的形式存在，大家是能感受到的。

如果在这个过程当中，我们再稍微加一点包容的、委婉的，甚至一些稍微有那么一点技巧的沟通的方式，领导就更容易接受。

并不是所有真实的语言领导都能够容易接受的，所以在与上司真诚沟通的过程当中，以能够让领导能接受的方式去沟通是最好的。

所以在今天，其实说话算话是能产生力量的，与领导沟通的过程当中，就是让你的语言产生能量，让你的语言能够为组织带来价值！

很多时候除了真诚，你还需要有优秀表现，才会得到上级领导的重视。那些在职场中换了数家公司也没有找到伯乐的人，是否需要去审视一下自己是不是一匹真正的千里马。世间没有无缘无故的“爱”，要想让你的领导重视你，你要向他证明“You deserve it!”

1. 认认真真做好“分内”的工作

与其苦苦思索如何获得上级领导的重视，不如首先做好分内的事情，把领导交代的每一件事情做到极致。特别是一些看起来不起眼的小事情，因为“魔鬼往往藏在细节之中”。否则你总是向领导表达你的“扫天下”之心，而实际上连“一屋也扫不好”，怎么能让领导觉得你堪当重任呢？而这里说的“极致”就是尽你所能做到最好，能够超出领导的预期。领导交给你一个6分难度的任务，结果你做出了8分的表现。下次领导就会给你一个8分难度的任务，而你能做出10分的表现。下次领导就会给你更具挑战性的任务。一个不断能给领导“惊喜”，不断能够完成有难度的工作任务的员工，领导怎么会不重视这种“work hard”的人呢？

2. 积极主动承担一些“分外”的工作

在认真完成好上级交代的分内工作的基础上，适当地承担一些“分外”工作会为你锦上添花。很多新入职的员工总是把工作区分得“泾渭分明”，哪些是“分内”的，哪些是“分外”的工作。于是就有了沸沸扬扬的90后实习生拒买盒饭的事件发生。其实在职场中有些工作是很难界定“分内”和“分外”的。很多时候“你以为的你以为就真的是你以为的你以为吗？”面对领导交给你“分外”的工作，你是否可以把它当作一种领导对你的重视呢？如果你本是客户服务部的职员，领导需要员工支持市场部的市场需求调查专项活动，你能把这种“分外工作”当作是对自己的锻炼，主动帮领导分忧解难吗？一个在完成“分内”工作的基础上，积极主动承担所谓“分外”工作的人，领导怎么会不重视这种“work actively”的员工呢？

3. 重不重视，你就在那里默默坚持成长

有些企业对待新员工会采取“蘑菇治理”的策略。蘑菇治理是许多组织对待初出茅庐者的一种治理方法，初学者被置于阴暗的角落（不受重视的部门，或打杂跑腿的工作），浇上一头大粪（无故的批评、指责、代人受过），任其自生自灭（得不到必要的指导和提携）。有时候当几天不被重视的蘑菇让我们学会从最简单的事情做起，反而能够让我们更加接近企业的现实，放弃脑海中对职业的幻想。其实不管领导重视不重视，你就在那里默默地成长，努力地适应企业的文化，利用企业提供的各种资源，相信一定会有开花结果，众人喝彩的一天。

三、横向沟通——沟通的四把金钥匙

组织管理最大的问题是什么？最常见的是沟通不良，而横向跨部门的水平整合，又比上下间垂直分工更加更棘手、复杂。各自为政的本位主义，以致共识不强，团结不够，是多数企业在成长发展阶段必然面临的难关。

横向沟通又可以称为“水平沟通”或“平级沟通”，是组织内部跳离组织成员间从属关系的沟通取向，其主要目的是在求取协调与支援。

研究表明，一般在组织内的沟通信息，有 85% 是经由水平与交叉取向所进行的。横向沟通主要有四项目的：

1. 针对工作任务进行协商，谋求最适合的分工组合。

2. 找出问题点，以集思广益的方式加以解决。

3. 分享相关资讯，以充分掌握现实情况。

4. 扩大彼此对事物的认同面，以化解冲突。

为达到水平及交叉取向沟通的最佳效益，横向沟通有四点注意事项：

1. 由于水平或交叉取向沟通不似垂直取向沟通具有较为明确的流程，故需要事前确定沟通的目的与沟通内容的优先顺序，避免沟通时抓不住重点。

2. 不必期望以此研究就能解决所有问题，因为过多的协商往往是沟通不良的起因。

3. 在性质不相同的部门或个人相互沟通时，尽量避免使用对方可能不甚了解的术语或专有名词。

4. 在水平或交叉取向沟通中，最易犯的毛病就是本位主义，也因此导致沟通失败。

案例 II：营销模式

为了完成新产品的推广，张伟的技术研发部希望采用产品拉动为主的组合营销模式，可是与生产、物流、销售、财务等部门出现了许多冲突和矛盾……如何才能统一组织的营销策略，消除组织内部的障碍？

做法 A：

1. 在公司经营分析会上，将目前出现的问题加以总结和汇报，希望得到高层的支持。

2. 本身和营销部的吴秀英关系就不好，放大研发与营销矛盾。

3. 向其他部门说明产品拉动的模式是目前相对合适的技术推广方式，更多介绍它的好处和价值。

4. 针对目前具体出现的问题，各方都不退让，最终只能由高层指定相关部门给予配合和解决。

做法 B：

1. 反复多次与马总进行交流和确认，必须得到高层的支持。

2. 针对目前的矛盾，张伟和自己关系不错的几个部门的领导者，约出来大家一起吃个饭，希望大家给予支持。

3. 目前的问题只能一个个的来解决，解决不了的汇报给马总，让马总协调。

4. 在技术研发部内部进行探讨，邀请其他部门参与，看看目前技术研发部自身能有哪些改进。

做法 C：

1. 目前出现的问题汇报给黄总，让马总来解决。

2. 在公司会议中，其他部门质疑目前的产品拉动产生的问题时，张伟表明方法是目前最合适的。

3. 当有人质疑产品拉动策略本身不成系统时，张伟解释说技术产品营销是极其专业的，还要有创新精神、实战经验并满足客户要求，自己也在尝试和摸索中。

4. 向大家表明，如果其他部门不配合，技术研发部也只能向高层和组织求助。

做法 D：

1. 与马总达成一致，明确产品拉动的营销策略，本身与生产总监徐建平关系不错，先解决生产过程中的相关矛盾。

2. 在公司经营分析会上，介绍产品拉动的体系，对于好处、问题与影响让大家形成一定的认识和理解。

3. 感谢各部门的信任与支持，对于目前的问题给予理解和分析。

4. 对于目前的问题给予细分，对于技术研发部下一步的改进计划给予说明，对于其他部门的要求也允诺会做出相应的配合。

5. 为了解决其他的问题，希望成立一个协调小组，由各部门指定专人负责沟通与协调。

统计表

	A	B	C	D
您的排序				

• 11.1 跨部门沟通的四把金钥匙

船行于海上，会遭遇各种危险，暗礁、暴风雨、海啸……一个不小心就会葬身海底。所以船员们要时刻保持警惕和沟通顺畅，确保每一个指令都被准确传达和执行，因为攸关每一个人的性命谁都不能置之度外。

但是在企业中就完全不同了。因为感受不到死亡的威胁，没有共同的生存目标，部门间沟通不畅，上情无法下达，下情无法上传的情况比比皆是。实在干不下去了，跳槽便是。

缺乏一致认同的奋斗目标，或者认识程度不同，或是本位主义在作怪，是造成跨部门之间沟通障碍重重的罪魁祸首。虽然大家目标不一致，对结果会有不同的预期，甚至会有相互排挤的工作要求，但依然有一个办法可以使跨部门沟通顺利完成，这就是合理规范的制度和流程。

在制度流程规范成熟的外资企业，沟通就不是什么大问题。按照制度和流程，90% ～ 95% 的沟通问题都能得到解决。但是就中国企业而言，60% 的沟通问题能通过流程解决就已相当不错。这和流程的设计有关，也和中国人讲人情有关。

• 11.2 跨部门沟通四把金钥匙之一：打破界限

沟通前做好准备，事先和对方打好招呼

所谓伸手不打笑脸人，在进行跨部门沟通之前，最好事先和对方打声招呼通个气，让对方看到你的善意和诚意，也留给对方充足的时间为沟通做准备。

当然，我们自己也要先把一些基本的问题想清楚，提高沟通效率：

1. 你希望对方帮你做什么事？

2. 你认为他会要求你做什么事？

3. 如果对方不同意你的方案，有没有备选方案？

4. 如果双方没有达成共识，会对你与对方各造成什么影响？如何补救？

如此这般，双方在充满善意且本着解决问题的状态下沟通，不仅能避免剑拔弩张的局面，还能促进双方对彼此的了解，何乐不为？

多和其他部门走动，了解他们的语言

有时，我们看到身边有的人初到一个新的地方，会很快融入新的团队。这是因为懂别人在说什么，并且能用身边形象生动的例子让他们明白自己在说什么。任何时候，“理解万岁”都是亘古不变的真理，但罕有人做得到。

而跨部门沟通不畅，很多时候都是由语言不通引起的。每个部门都非常清楚自己部门的规划、目标与期望，却对其他部门的情况知之甚少，听不懂对方在说什么，沟通时岂能避免争执？如果可以时不时去其他部门多走动走动，分享一些小零食，跟他们喝喝茶，聊聊天，频繁的互动有助于建立彼此的熟识度，让你更容易设身处地想问题，有好无坏。

比如，时间久了你会这样换位思考：

1. 这么做，对业务部门的业绩有帮助吗？

2. 如果我是他，会接受这种做法吗？

3. 这个方案真的考虑周全了吗？

这样的换位思考能将误解或者沟通频率不搭的概率降到最低。

创造共同目标一起合作

无可讳言，各部门间一定同时存在合作与竞争关系。部门间若想进行有效的沟通，一定要强调彼此的合作关系，而合作的关键在于拥有共同的目标。

如果必须进行跨部门合作沟通，大家不得不一起完成一项工作，又何苦别别扭扭地跟自己过不去呢？不如尽量去创造一个横跨各部门的共同目标，然后一起努力，就算这过程中有争执也没关系。这就像大家都要去北京，那么花很多时间去争执走哪条路并不是问题。但如果有人要去北京，有人要去深圳，这样的争执就是浪费时间了。

要想达成一致目标，至少需要弄清楚以下四个问题：

1. 双方应该达成的共同目标是什么？

2. 阻碍双方合作的因素有哪些？

3. 双方合作的价值是什么？

4. 创造共同目标的资源是什么？

若这几个问题弄明白了，想必沟通起来也没那么费力了。

开诚布公，呈现事实就是最好的策略

跨部门沟通作为组织沟通的通路和渠道，凡事以诚实为根本，从不欺骗、隐瞒事实。这不仅没有得罪于人，反而得到了他人的理解和尊重。

跨部门的沟通中若想得到对方的支持和信任，双方最好将注意力放在中心议题上，开诚布公，呈现具体事实，减少不当的臆测。因为部门间一旦缺乏信任感，就会加重彼此的防御心理，沟通时就会有所保留，甚至隐瞒一些重要的信息，影响工作的进展。

如果大家能做到以下对团队成员的四点要求，相信跨部门沟通对大家来说将不再是难事：

1. 我们工作为了什么？

2. 己所不欲、勿施于人。

3. 与人为便、与己为便。

4. 同理心。

• 11.3 跨部门沟通四把金钥匙之二：分享信息

现在越来越多的工作需要跨部门协作才能完成，跨部门沟通不良经常让我们耗费很大精力却难以达到预期的效果，甚至彼此反目成仇，冤冤相报，两败俱伤。你认为火烧眉毛的事情，在其他部门看来，不是“无关紧要”就是“太忙没时间”；好不容易组织个跨部门的会议，结果大家扯皮推诿、相互挑刺、相互攻击，最终不欢而散。

本位主义是跨部门沟通中大家谈得最多的问题，也是造成沟通不良的最根本原因。很多组织的领导者在批判下属本位主义的同时并没有意识到，造成本位主义的根源恰恰正在领导自身。

首先是理念问题，即公司管理层和部门的一把手对所属部门工作成果（价值）的定义。

其次，理念不会自动转化为行动。IBM 的前总裁郭士纳有句名言“考核什么就得到什么”。如果我们需要加强部门与团队间的协作，就要更多地从“合作”、从“整体结果”的角度进行考核而非专业。

然而尽管我们可以很容易地描述和证明自己“做了什么”，却很难回答“这些工作的价值"或者"成果是什么"，至于"用量化的标准证明这种成果或价值"则更加难上加难。事实上这需要公司管理层组织各部门领导坐下来，用工作中的实际情况而非个人关系对部门间的合作进行反馈和评估。没错，这种方式更模糊、更主观、效率更低；然而越是重要的问题越不是靠效率来解决的。

最后，自组织的分工形式。自组织打破了组织的边界、部门的边界，个人或者部门的存在将不再是"理所当然"而源自于"被需要""有价值"；互联网的出现使组织分工可以通过网络自主进行，不再需要"管理者"发号施令。虽然目前这种自组织的形式主要存在于新兴的互联网领域，然而正像历史上"官僚制"取代"家族制"、"职能制"取代"官僚制"一样，"自组织"对"职能制"的替代是大势所趋。

在跨部门沟通中我们所有的行为依然是通过每个人作为沟通的主体，我们每个人的经历、表达方式、沟通方式的不同也会对跨部门的沟通合作带来不同的影响。所以在沟通中我们必须明确我们要和谁一起干？大家都有什么需求和目标？谁应该作为责任的主体，我们在执行中扮演的角色和责任？谁会是问题和麻烦的起点？矛盾和冲突从何而来？等等。

1. 假设对方的动机是正向的

不论工作还是生活中，很多人身上都有一种非常有趣的模式：用正面动机评价自己、用负面动机评价别人。比如我们做错了事情，我们在内心里会说"哎呀，其实我的出发点是好的，结果不理想我很遗憾，下次注意"；可是当别人出错或者冒犯了我们的时候，最经常的评价方式是"我不管你是怎么想的，结果不好你还想找借口吗！"；甚至"他肯定是故意的……"

心理学上讲人的大脑关注什么就会放大什么。一旦假设对方的动机是负面的，接下来潜意识会促使我们的大脑搜集、加工"与负面动机有关的证据"，我们就会真的"看到"更多负面的东西，即所谓"预言的自我实现"。

那么，从"假设对方是正面动机"去组织我们的语言吧。工作中，谈话的开头可以是"我知道你是很愿意支持我们的工作的"或者"尽管有很多难处可是您也很想把工作做好"，其实这种方式我们一直都会。孩子不小心把杯子碰到了地上，有经验的妈妈会说“我知道你是想帮妈妈干活…”；我们给领导提建议的时候，总会先说“我知道您这么做是为了我们大家好”……什么叫对事不对人？首先要肯定对方的动机。

2. 时刻注意建立共同目标（利益）

双赢的前提是合作的双方拥有共同目标（利益）。因此，跨部门沟通最忌讳仅从自己的工作出发，认为“对方配合是应该的”。善于沟通的职场人一定在跨部门沟通前做足功课，在审视自身有哪些需求的同时，了解合作部门的工作情况，包括合作部门眼下的工作状态、公司对合作部门的要求以及对方部门期望在哪些维度做出成绩，等等，找到两个部门之间的若干结合点。然后，在沟通的时候，试着从这些结合点出发进行表达，观察对方的反应，将合作的前景建立在共同的愿景上。

3. 复述对方的观点，无论是否赞同

每一个人只要用心体察就会不难发现，当我们认为对方没有听到我们的观点之前，我们的注意力往往在于持续表达自己的观点，而非倾听或讨论。通过复述对方的观点，首先可以使对方确认“我在听你说”以及“我听到了你说的内容”，在表达尊重的同时使谈话走向实质性的沟通和讨论。其次，我们都知道“因文害意”的概念。我们使用语言文字表达自己的意图，可是不同的人会选择不同的词语。很多沟通中的问题争论到最后发现其实大家的观点没有什么差异，只是使用的“字眼”不同、表达的方式不同罢了。复述对方观点的第二个作用就是可以尽早地降低表达形式不同给沟通带来的影响。

没有人不希望得到公司或者别人的肯定，可是我们上一次得到合作部门的表扬是在什么时候呢？我们都知道表扬的力量远大于批评。有人说“你希望对方向哪个方向发展就要有意识地在那个方向上表扬对方”。表扬的关键是要具体、要客观，要有真实的现象或者例子，否则就容易陷入“虚伪或者浮夸”。表扬本身并不难，难的是用具体的事例来表扬。

4. 提高自己在组织中的影响力

我们在组织中的影响力越强，合作部门的主动配合意识就会越强。然而影响力不是搞权术，不是“和领导关系好”，更不是“会哭、会闹、会吵架”，而是我们可以对领导、对周围的同事做出有效的贡献。

案例 12：矛盾处理

张伟的技术研发部和营销推广部工作中有非常多的业务关联，研发当中的很多问题都出现在需求和模式上，导致技术研发工作总是做无用功，进度慢，效果不理想，张伟应该怎么办？

做法 A：

1. 单独和营销推广部的负责人吴秀英沟通，定君子协定。
2. 同时对营销推广部提出更明确的要求，做好记录工作，细化责任。
3. 在公司楼道里大声指责营销推广部工作不利。
4. 找马总反映目前的现状，希望领导来解决。

做法 B：

1. 跟吴秀英沟通，明确共同利益，共同探讨解决问题的办法。
2. 同时也和马总摊牌，如果还这么下去结果可能会很麻烦。
3. 定期与吴秀英一起确定未来工作的重点和难点，避免冲突。
4. 针对临时突发问题，及时与吴秀英沟通，以期待快速解决问题。

做法 C：

1. 两个部门一起开会，针对具体的项目明确工作职责分工。
2. 遇到问题让下属直接向马总告状，给营销推广部施加压力。

3．制定工作计划和检查点，责任更明确。

4．明确奖罚标准，让两个部门更有动力。

做法 D：

1．请吴秀英吃饭，希望他能够更好地指导自己部门工作。

2．找员工诉苦，自己很多任务由于组织矛盾造成完成不了。

3．时而故意让工作出现问题，让矛盾激化，同时向领导提出解决思路。

4．实在不行就自己认了，毕竟吴总的职级比自己要高出很多。

统计表

	A	B	C	D
您的排序				

• 12.1 跨部门沟通四把金钥匙之三：共同决策

怎样才能在各个部门之间共同达到“统一信仰、统一目标、同一条心、同做一件事”的高度默契呢？要解决这些问题，必须要有丰富有效的沟通策略。譬如，我们不能将聚焦价值未能放大的原因归责于某个单位，除非整体有明确的管理要求、指导方针及部署安排，而且还做了全面对应的宣贯、思想认知的确信以及执行过程的督导！若是仅仅停留在要求和交代，又不提供牵引、协助、方法和工具，那么，聚焦化战略是绝对难以达到预期效果的！尤其是规模越大的企业，组织越复杂、分工越细化、协调越难搞，这样一来，全面实施长期聚焦更是难上加难！

所以，丰富有效的沟通策略，不要轻易将问题归给谁，不能用事后的结果去简单评价是谁的问题，而是要用系统的思维和全局的观点去对待聚焦化战略的推进！

“看透全流程，把握总要求，明白大方向，追求爆发力，创造高效益，提升成功率”，这就是进行有效沟通的策略出发点！不懂得这个出发点，只是简单要求别人怎么配合自己，不会先检查自己有哪些方面没有做到位，不会主动去征求相关部门、同事、上级、下属或其他外部伙伴的意见，如何让聚焦化战略取得更大效果呢！我们必须跳出说法和想法的局限，真正在方法和办法上做好转换。

沟通决策矩阵有以下三个好处。

1. 理清思路

运用决策矩阵能将你的思路直观呈现出来，有助于解决问题。把一些定义模糊的想法表述出来、落实于纸上，有助于管理者捕捉并组织思路，保持头脑清晰。

2. 汇聚方法

矩阵提供了一种结构化的集思广益的途径。以此为起点，你可以把自己初步拟定的选项和标准分享给大家，广泛征求团队成员的意见，以便发现你没能意识到的问题，弄清每个选项要成为最佳选择所需满足的前提条件。通过与站在不同视角的其他人沟通，决策者可以根除自身的偏见和盲点。

3. 选择组合

沟通决策矩阵还是一种有效的方法选择工具。决策者在认真研究过矩阵之后，往往比较容易拿出具体行动步骤，因为他们知道，这个选择在总体上是经过周密考虑的。尽管批评者们可能会反对最终结果，但他们知道决策过程是公平的，因此至少会理解和尊重管理层何以做出这样一个决策。

好的决策并不一定能保证好的结果，但是明智运用决策矩阵确实有助于幸运的天平向你倾斜。有这样一个工具帮助你拓展视角、消除偏见、找到有创见的妥协方案、争取更多支持，必定能增加你的成功概率。

• 12.2 跨部门沟通四把金钥匙之四：重在行动

沟通是解决问题的钥匙，执行则是贯彻战略意图，完成预定目标的操作能力。通过沟通，可以在执行中分清轻重缓急，工作才会有条不紊。把握沟通节奏，集思广益，让沟通朝着有助于执行的方向发展。领导要善于引导员工的思路，员工要抱着坚决完成任务的心态进行沟通，在执行中要时刻关注进度、质量和成本，做好随时调整的准备。

而说到沟通执行，最能说明问题的就是沟通漏斗模型。沟通漏斗是指工作中团队沟通效率下降的一种现象：如果一个人心里想的是100%的东西，当你在众人面前、在开会的场合用语言表达心里100%的东西时，这些东西已经漏掉20%，你说出来的只剩下80%。而当这80%的东西进入别人的耳朵时，由于文化水平、知识背景等关系，只存活了60%。实际上，真正被别人理解了、消化了的东西大概只有40%。等到这些人遵照领悟的40%具体行动时，已经变成20%。三个月后信息衰减得有可能只剩下5%。

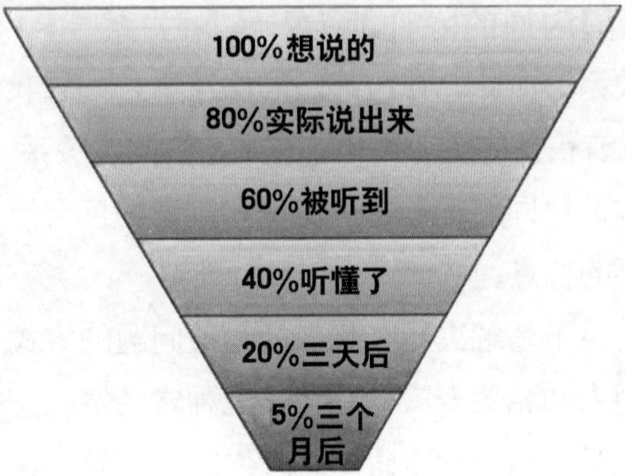

为什么会出现沟通漏斗的现象：

第一个漏掉20%（你心里想的100%，你嘴上说的80%）的原因是：一、没有记住重点；二、不好意思讲。

解决办法：写下要点；请别人代讲。

第二个漏掉20%（你嘴上说的80%，别人听到的60%）的原因是：一、你自己在讲话时有干扰；二、他人在听话时有干扰；三、没有笔记。

解决办法：避免干扰；记笔记。

第三个漏掉20%(别人听到的60%,别人听懂的40%)的原因是：不懂装懂。

解决办法：质问；问他有没有其他想法。

第四个漏掉 20%（别人听懂的 40%，别人行动的 20%）的原因是：一、没有办法；二、缺少监督。

解决办法：具体办法；监督到位。

如何避免沟通漏斗的现象：

1. 多种形式沟通，反复强调：集体沟通、分别沟通、会议沟通、语言沟通、邮件沟通、书面沟通、文件沟通……都是可以选择和组合运用的沟通形式。

2. 选择性沟通：时间、地点、人物、事项是其中的四个重点。还有事项的标准、程序、完成时间、检查时间等。

• 12.3 跨部门沟通的隐性能力：人际关系

沟通是维持关系的命脉，在跨部门的沟通中，如果我们与相关的人员有熟识的合作经验，有信任的企业文化，有亲密的同事关系，对于信息的收集、对方的支持、工作的协同等都有超过流程和制度的巨大潜力，这是团队工作中的一个特别重要的特点。

仅仅靠打好关系不是解决所有跨部门沟通问题的方式，在跨部门沟通上有丰富经验的公司人和相关专家，总结了三种常见情况——它们几乎囊括了大部分跨部门沟通时会遇到的障碍。这时你能怎么做？这里有一些经验和建议。

对方职位比我高，叫不动人怎么办？

大公司里“叫不动人”的现象实在太正常了。尤其遇到一些级别高、资历深的前辈时，对方不愿意配合自己的工作是经常遇到的事。

通常情况下，新人的解决措施是通过邮件传递信息、确定事宜，除了发送给相关部门的人，也抄送给上司——相当于借领导之力来让资深前辈“就范”。不过，邮件沟通始终带着一层“不讲情面”的正式感，虽然短期内能通过领导的支持来推进项目，但长期来看，这种半胁迫的方式对处理好同事间的关系并没有什么帮助，甚至还很容易产生矛盾。

当遇到比自己资深的前辈不合作时，怎么做？

1. 了解自己和合作部门的“权重”

同一个项目的跨部门合作通常会有共同的主题和目标，可以先去了解自己部门和合作部门的 KPI，这会让你更明确自己在项目中的“话语权”，而不只是忌惮于对方的职级。之后要去了解对方的立场，究竟是对主题不赞同还是因为目标不够明确，通过私下沟通找出问题。

2. 树立自己的专业形象

新人在跨部门推进时，最常遭遇的质疑就是“资历浅、不专业”，这些会影响你的话语权。

资历遭质疑的原因多是给了别人“专业性不够”的暗示，所以在面对其他部门时，建立自己的专业度，是达成信任的前提，也是职场新人软能力的一种体现。对于新人来说，及时得到认同和反馈是建立自信的基础，在和其他部门沟通时也能更有底气。

3. 敢于接受质疑

当艰难险阻的任务来临的时候，敢于主导和应对，积极与相关部门和利益相关方进行协调和配合，关键环节的进度保持即时更新，并和支持部门反复沟通信息的准确性。

工作不在对方的优先级，甚至不在对方的 KPI 里

如果你的协同任务对于自己部门来说是非常重要的事情，其实对于其他部门而言并不在“优先级”里，如果在对方优先级里，回复效率就很快，可一旦你的优先级没有排到前面，拖延是普遍行为。

如果不是靠与对方搞好关系得到了“帮助”，没有这么好运，还能怎么做？

1. 做预判，花点时间做背景调查

每个人都希望付出的时间获得回报，所以第一步是找准对方想要什么。比如找对方谈谈部门的 KPI 是什么、最近有什么合作、每个人的岗位有哪些核心工作内容等。先花时间做背景调查，了解对方的诉求。与其说是沟通，这样更有助于做预判。首先判断能否去做，接着判断在什么时间点找什么人、怎样沟通最有效。

2. 可借助工具判断对方诉求

不过在很多时候，当你和合作部门的人还不熟悉且没有建立起信任的时候，老员工或者合作部门的领导不会轻易地主动告知他们的困难。

3. 建立共同利益诉求点

你认为重要的，就让对方也认为重要，这是一个好的角度。它可能是产品模式创新后的一些收益，可能是烦琐流程的简化，可能是下季度甚至长远的 KPI 更容易达成。总之，如果你能让对方最终感知的信息是，合作成本不高但能带来“利益”，那谁都不会拒绝尝试。

部门内的合作是一个长期状态，而不是短期功利性质的。建立共同诉求是共赢而不是谈判，应该一直与合作方保持良好的互动关系，最好是持续地与对方沟通互动、分享资源、建立盟友关系。

建立共同的利益诉求点，是需要时间磨合的。用迂回路线找到折中的方案。你很有可能是中间方，那就要关注各方最核心的价值，在非核心的地方做出让步和妥协。然后协调外部资源，作为对利益的缓解和补充。

4. 善用领导的力量

在专业性和理解能力比较浅的时候，要协调各部门有难度，沟通不一定到位。在能力范围之外，可以选择向领导求助。“领导不是简单的汇报关系，而是你可以利用的资源。”

要么让对方认同核心利益，要么改变他的核心利益。若在同一个项目中，有共同目标会更容易些。但老板的力量要善用，职场新人，沟通前做好充足的准备，节省老板的沟通成本。

夹在两个部门之间，怎么办？

原因分析是咨询常用的方法之一，在找解决措施之前，先要找到问题背后的原因。梳理流程，在项目初期确定核心责任人。遇到部门之间相互推诿时，通常应该先确定一个核心责任人。如果在合作初期就确定核心责任人，推诿很少会发生。在新部门成立、职责尚未明细的情况下，可以先梳理流程，至于是增加职能还是找人担责，可以让领导来判断。

一个完善的流程往往是优化各部门工作的一种有效解决方式，但是这样的流程需要积累。当一个项目初期没有可套用的流程的时候，公司人可以尝试自己梳理总结其中的过程，最后形成一套规范，并让管理层确认、优化和补充。

四、对下沟通——平衡记分卡

一个典型的组织机构图会显示沟通沿着预先确定的职权链从上级流向下级。向下沟通是指在向部下发出指示和指导，以帮助他们达到组织目标。这种沟通也用来传达组织内部管理所需的规章制度、工作程序和日常信息。因而向下沟通的性质主要是权威的。它可能包括正式的书面文件、日常工作情况介绍和工作布置会议或上下级之间单向的面对面交流。一般说来，向下沟通是快速的。然而，如果我们把沟通的有效性解释为从甲方向乙方准确无误地传递意思的话，向下沟通最有可能发生理解错误。

上对下沟通主要包括的内容如下：

1. 组织整体的经营目标与运作模式。
2. 工作的性质与内容。
3. 完成工作的途径与方法。
4. 激发下属对达成工作目标的动力与潜能。
5. 对下属表现的评估。

为了保证沟通顺畅且有效，需要关注四个方面：

1. 上级要力求避免采取自鸣得意、命令、训斥、使役下级的口吻说话，而是要放下架子，要注意避免专断和高傲，以免脱离群众，得不到广泛响应。

2. 全面完整的信息，应注意下级对沟通信息的理解是否正确，以免导致失真，脱离行动目标。

3. 建立双向的沟通模式，信息与感情双向贯通，从信息的交流进而变成是问题的统一。

4. 增加鼓励的方式，上级同下级说话时，不宜做否定的表态，在必要发表评论时，应当善于掌握分寸，轻易地表态或过于绝对的评价都容易失误。

案例 13：目标改进

最近这几个月的部门目标总是不能达成，下属的执行能力和意识都不是很清晰，尤其是丁春梅的工作，总是出现纰漏，马上就要制定下个月的工作目标了，你打算如何推进与改善？

做法 A：

1. 本周周会上，向部门所有员工安排工作，下周例会上，每个人拿出下个月的工作计划，希望借助这样一个整体的沟通与交流方式，提高丁春梅对于目标的意识和能力。

2. 会议后，将丁春梅的目标与她较为接近的杨杰、邓超的目标做对比，让她意识到问题。

3. 杨杰和她关系不错，让杨杰有意识地提醒丁春梅提高对于目标的推进和执行力度。

4. 执行过程中，私下询问丁春梅是否还需要帮助，有意识地关注丁春梅的工作状态。

做法B：

1. 召开部门会议，进一步明确下个月的部门目标。

2. 根据部门目标，将每一项任务分解到子项目或分项目，给每项任务明确考核标准。

3. 结合每个人的实际工作，对于任务分工相对清晰的工作按岗位职责领取，对于分工相对模糊的工作由张伟指派，协商确认。

4. 张伟要求每个人按照数量、质量、成本、时效等要素将每一项任务细化，形成甘特图、关键节点和责任人。

5. 张伟特地私下询问丁春梅对于工作目标的想法，可能遇到的困难，并请李娜帮助丁春梅一同推进。

做法C：

1. 将丁春梅叫到办公室，一对一的交谈，询问这几个月丁春梅的工作情况，经过分析让丁春梅自己认识到工作的不足。

2. 针对下个月的情况，让丁春梅做个计划，并根据实际情况，要求丁春梅提高工作要求，你将提供更多资源和平台，保证给她更多支持。

3. 特意安排吕丽娟去监督丁春梅，时刻提醒丁春梅保持工作的进度。

4. 平常多去看看丁春梅，多给予鼓励和信心。

做法D：

1. 总结上一阶段的工作，明确告知大家部门目标没有完成的事实。

2. 对于表现好的个人给予表扬，对于不好的情况给予分析，尤其是丁春梅的几项工作，拿出来分析一下，让大家认识到除了外部因素，我们自身依然有很大提升的空间。

3. 针对下个月的任务，要求每个人都要拿出执行力，保证保底目标的实现。

4. 进一步明确和细分每个人的目标，并提出惩戒措施，对于那些没有完成保底目标的个人给予适度的惩罚。

统计表

	A	B	C	D
您的排序				

• 13.1 平衡记分卡

平衡记分卡是由哈佛商学院发明的一种绩效管理和绩效考核的工具。平衡计分卡是从财务、客户、内部运营、学习与成长四个角度，将组织的战略落实为可操作的衡量指标和目标值的一种新型绩效管理体系。设计平衡计分卡的目的就是要建立“实现战略指导”的绩效管理系统，从而保证企业战略得到有效的执行。因此，人们通常称平衡计分卡是加强企业战略执行力的最有效的战略管理工具。

事实上，上对下的沟通与平衡记分卡绩效的衡量方式是一致的。管理者对于下属的首要需求正好就是财务指标，决策层关注的是战略和目标，沟通的重点在于战略的意义与价值，体现战略的方向性；管理层关注的是流程与方法，沟通的重点在于过程的有效性，体现方法的科学性；执行层关注的是能力和资源，沟通的重点在于技术的匹配性，体现执行的纪律性。

管理者很可能会因为过分地追求结果的数据和问题的解决，进而会比较简单、直接、负向、甚至是粗暴，反而在情绪、方法和过程上容易伤害下属。

这样一来，证明管理者对下沟通能力和水平的反而是柔性的客户、内部运营和学习与成长这三个维度。

客户维度：员工满意度的一种简化的说法，主要集中在对于员工的情绪的安抚，态度激励和人际矛盾的化解。

内部运营维度：这个维度主要集中在沟通时机、渠道和方法的选择，是沟通的手段。

学习与成长维度：员工能力的辅导、提升，运用沟通的方法，建立员工的学习能力和组织成长的机制。

• 13.2 沟通平衡记分卡之一：财务指标

当组织规模日益膨胀的中国企业集团，面对大规模、多层次、多地域带来的管控挑战时，如果没有掌握一个简单有效的描述集团战略的工具，必将无法将战略在集团内部各成员之间直观地展现，这将是多么可怕的一件事！而平衡计分卡体系则成功地解决了这个问题，它的主要功能是通过战略地图来实现描述、规划集团战略。

战略地图的构成文件主要是"图、卡、表"。所谓"图、卡、表"是指"战略地图""平衡计分卡""单项战略行动计划表"，它是运用战略地图来描述战略的三个必备构成文件。

在实际的管理工作中，管理者如何实现和推进工作任务，就是需要将战略地图转成平衡记分卡，最终落实到员工的单项战略行动计划表中。

管理者与员工谈谈团队发展的目标和方向是什么，公司对团队想要的结果是什么，要具体化、可量化，然后与下属讨论，怎么完成这个目标，而管理者的计划是什么。让下属认真做一个可执行的计划，将所需要的资源、人力、时间等罗列出来，大家一起沟通与评估这计划的可执行性，并且对下属的执行计划实现跟踪，此计划是下属提出，管理者与下属共同评估后制定的，更应该以执行为重要的步骤，定时（每周或每天）给上司反馈执行的进度，并且当遇到困难时，应该让下属想好两个解决方案，大家再讨论此事如何解决比较妥善，遵循"谁负责，谁改变，谁受益"的原则。

当然，在执行过程中，预期进度与目标差距太大的时候，我们应该要及时评估是不是形势的原因，或者是工作的方法不对，需要及时纠正过来；还是高层管理对市场过于乐观，是不是有必要上报给高层管理者，这都需要你去做分析与调查、验证，而不是一味地说下属能力不行，管理者是帮助下属成功的！

我们一定要给员工反馈，员工哪里做得好，哪里做得有待改善，必须以建议的方式，而不是批评——因为被批评的人，不会认为自己做错了。给反馈是让员工知道自己的水平，并想办法去学习以提升水平，把学到的知识转化成工作中执行出来的绩效，从而做出更好的结果。

在实现组织业绩的过程中我们要遵循以下四项原则：

1. 目的要明确

管理者首先要对沟通的内容有正确、清晰的理解。重要的沟通最好事先征求他人意见，每次沟通要解决什么问题，达到什么目的，不仅管理者清楚，要尽量使团队成员也清楚，此外，沟通不仅是下达命令、宣布政策和规定，而且是为了统一思想协调行动。所以沟通之前应对问题的背景、解决问题的方案及其依据和资料、决策的理由和对组织成员的要求等做到心中有数。

2. 内容要确切

沟通内容要言之有物，有针对性，语意确切，尽量通俗化、具体化和数量化；要避免含糊的语言，更不要讲空话、套话和废话。

3. 责任要清晰

管理者并不是把权力揽在身上，然后把责任交给下属，作为一名管理者，你的目的就是执行公司的战略目标，把可实现目标的计划落地，通过你的下属来执行并完成任务，从而拿到公司想要的结果。你有效沟通的目的在于，使员工可以高效、自主地工作，并且朝着公司鼓励的方向去走。如果你只把权力放在自己的身上并行使，把责任推卸给下属，让下属“背锅”，那么你是没有下属可以领导的，因为他们对你所说的话根本不会相信或者执行时打了很大的折扣——都在想办法保护自己不被“甩祸”！

4. 权力要弹性

管理者是管事情，而不是通过权力、组织信息和管理系统等手段来控制员工。要记住，员工是人，不是机器，不是像系统一样某个永远只懂执行而没有情绪的功能点。员工是有感情需求的，你管的是员工做的事情，得到满意的结果，同时也要满足员工的生理上、情感上、经济上、心理上和权利上的需求。过度地使用权力、制度、奖罚等手段，会大大降低员工的内在驱动力，反而适得其反。

● 13.3 沟通平衡记分卡之二：员工满意度

如果没有权力，你还能影响到你现在的下属吗？管理者要先把自己管理好，以身作则，通过自己的行为来影响下属，并且考虑到下属要的是什么，他认为对他自己有好处的东西是什么。你要既能满足他要的，又要完成公司的目标，你们是同一条船上的人！

那么究竟下属对于上司的需求是什么？按照重要度和先后排序依次为：第一、关心与理解；第二、资源性支持；第三、清晰的指令；第四、及时的反馈；第五、沟通与协调。

我们可以清晰地看到，摆在第一位的是关心与理解，它的本质是情绪、情感、关系和人际。这就证明了管理者在与下属沟通的时候需要从心态、尊重、员工想法、公司目标等几方面考虑去做，而不是单纯下指令、要求下属执行，如果不执行就给下属“颜色”看看或让他们辞职。为了提高员工的满意度，我们需要符合以下四项原则：

1. 平等原则

在人际交往中总要有一定的付出或投入，交往的两个方面的需要和这种需要的满足程度必须是平等的，平等是建立人际关系的前提。人际交往作为人们之间的心理沟通，是主动的、相互的、有来有往的。人都有友爱和受人尊敬的需要，都希望得到别人的平等对待。人的这种需要，就是平等的需要。

2. 倾听原则

有人对经理人员的沟通做过分析，一天用于沟通的时间约占 70% 左右，其中撰写占 9%，阅读占 16%，言谈占 30%，用于倾听占 45%。但一般经理都不是一个好听众，效率只有 25%。究其原因，主要是缺乏诚意。缺乏诚意大多发生在自下而上的沟通中。所以，要提高沟通效率，必须诚心诚意地去倾听对方的意见，这样对方也才能把真实想法说出来。

3. 相容原则

相容是指人际交往中的心理相容，即指人与人之间的融洽关系，与人相处时的容纳、包涵、宽容及忍让。要做到心理相容，应注意增加交往频率；寻找共同点；谦虚和宽容。为人处世要心胸开阔，宽以待人。要体谅他人，遇事多为别人着想，即使别人犯了错误，或冒犯了自己，也不要斤斤计较，以免因小失大，伤害相互之间的感情。只要干事业、团结有力，做出一些让步是值得的。

4. 情绪原则

⑴ 营造氛围：在沟通过程中，沟通双方的当事人都应当主动营造一种良好的沟通氛围或尽量去创造有利于沟通的环境和条件。

⑵ 控制情绪：在沟通过程中，先管好自身的情绪，避免自身的情绪影响沟通质量，应该先控制情绪，创造一个相互信任、有利于沟通的环境，有助于人们真实地传递信息和正确地判断信息，避免因思想偏激而歪曲信息。

⑶ 管好性格：在沟通过程中，应牢记自己的性格短板，做到时刻提醒，提前预防和有效避让。千万不能被自己的“性格”短板所控制。

在团队管理的过程中，我们必须明确，要想解决问题必须解决情绪。

案例 14：风险管理

公司目前正在与一个跨国公司洽谈一个新项目，如果这个项目能成功将为组织带来巨大的利润回报。研发进度、人员协同、沟通管理、技术攻关等涉及一系列的难点，现在马总让张伟来总体负责这个项目，张伟该如何应对？

做法 A：

1. 张伟应在项目内部，明确分工，清晰责任。

2. 制定严格的奖罚制度，出现问题追踪到人。

3. 制定严格的补救措施计划：对需求的可选项识别、可选项影响度评估、可选项的技术可行性和可选项使用时机的决定标准。

4. 在每次检查和评审后，张伟要检讨并修正风险级别。同时，在平时，应利用风险监控所获得的信息，进一步精化风险评估和应对计划。

做法 B：

1. 明确项目目标，尽可能的描述项目的交付物，项目各方达成共识，明确项目重点。

2. 标识项目中可能的风险，执行应对策略，形成应对措施计划，贯穿整个项目。

3. 细化项目的分工和流程，按照进度计划、质量计划和成本计划等对项目进行有效的分析、解读和监控。

4. 建立沟通汇报机制，定期针对项目细节进行记录、分析、汇总和评估，针对出现的问题进行协商。

5. 共同确定项目里程碑，在指定的风险检查阶段点和在对项目有影响的计划重大变更过程中，都应对项目风险进行跟踪、再评估和重新计划。

做法 C：

1. 每一次出现问题都是临时、突发的，都需要张伟亲自协调和解决。

2. 项目的技术难关我们始终不能攻克，只能分包给另外一家研发机构。

3. 在项目会议中，张伟必须和其他人针对问题提出解决方案。

4. 张伟不断提高自身的技术能力，对于项目中可能出现的技术难题，张伟都要有所认识。

5. 如果真出现了问题，张伟知道这就是自己的职责，对于过程就要更加认真才可以。

做法 D：

1. 作为项目的负责人，张伟要时刻关注项目的进展，多了解项目的相关信息。

2. 沟通协调工作是项目的难点，张伟时刻帮助联系、沟通、解决项目中出现的各种各样的问题。

3. 针对较为显著的风险，应在每周、每月或其他定期工作报告中加入风险跟踪表，以便跟踪。

4. 每天的项目会议是不能缺少的，我们要及时了解每个部门的情况和问题，项目组成员共同沟通协商。

统计表

	A	B	C	D
您的排序				

• 14.1 沟通平衡记分卡之三：内部过程

在企业管理中，管理者采用什么样的时机、渠道和方法对于下属的影响同样是不同的，除了员工满意度中的方法以外，我们还需要采用适度的技巧和方法。

沟通时机选择的一二三原则：指三次沟通，由浅到深推进

1. 第一次私下交流。私下交流是随意的，可以是非正式的，也可以是正式的，但尽可能是非正式。可以是餐厅吃饭的闲聊，可以是散步时的话题，可以是共同乘车过程中的聊天……私下交流的关键是摸清对方的想法和相关底线，同时不经意间抛出自己的一些想法和观点，相互引导，相互探求，相互明晰自己想要达成的一些目标。通过第一次私下交流，可以知道彼此的认识共同点，也可以探寻到彼此想法的不同点，这个过程中也可以相互简单探讨各自的可行性，但不要太深入。第一次私下交流，最好给彼此留下思考的空间，约定各自再充分酝酿酝酿，特别要强调的是，要明确与对方约定，下次到会议室专门研讨一下，为第二次沟通打好基础。

2. 第二次正式交流。属于正式沟通，约定在办公室或者会议室，一般事项由管理者主导，由管理者来安排会议场所。明确共同的目标后，大家相互交流，相互探寻，并列出重点，哪些达成一致的，记录下来；哪些是有条件性的达成一致的，条件由哪一方去创造，也记录下来；哪些是明显无法达成共识的，各自的立足点以及原因等，同样记录下来。第二次沟通要明确，达成共识的和条件性达成共识的，可以先开展。明显无法达成共识的，双方约定如何处理，然后形成正式的会议纪要，双方审核通过后，按照时间节点各自开展工作。

3. 第三次正式交流。由会议纪要中明确的主导方发起，第三次沟通建议双方要各自带一名相关联的人员参加，即各自两人参加。沟通前由管理者先简要介绍一下来龙去脉，特别要提到双方已经私下聊过，并简要介绍私下交流达成的成效以及存在的不同点。大家各自交流后，形成决策意见，按决策意见实施。

沟通渠道选择的一二三原则：指沟通人数参与度，由少到多安排

1. 第一次非正式沟通，最好各自只有一人，而且是各自的关键人员。如果多人，容易出现多种声音，话题容易跑偏，且容易发生争论。双方各自一人，人数对等，又是私下交流，属于私下友谊话题的一种传递，没有更多人也没有负担，可以坦诚随意地交流，说了可以不算数，也可以算数，主要是相互了解清楚各自的想法为主。

2. 第二次正式沟通，可以增加为两人，而且是各自的关键人员和关联人员。这时属于正式交流，确定各自意思、达成共识和认清差异，因此各带一人。一是带的人属于关联人员，了解情况，有利于讨论过程中避免遗漏和走偏，相互补充完善。二是彼此不会太有压力，交流也属于小范围可控，都是明确的话题。三是有人记录，记录研讨的关键和事实，还原真实，防止后续忘记而产生的再次反复。

3. 第三次正式沟通，必要的时候可以三人或更多，而且是各自的关键人员和关联人员。这时属于正式交流，并根据上级领导的决策意见或根据第三方专业机构的意见，形成一致的决议后，各自去努力实施安排。因此各自三个人，一是为了工作的安排和实施。二是为了锻炼人员，给不同人员提供学习和成长的机会。三是后续的部门之间的沟通交流，将由参加的具体实施人员为主，他们遇到问题时，部门内首先有可以相互交流和了解情况的人提供帮助。

沟通氛围选择的一二三原则：指沟通的主观意识度，由诚到谢安排

1. 第一次非正式沟通，要明确表达诚意，对方的想法对我们很重要。由于第一次是非正式沟通的随意交流，很多人容易应付和敷衍了事。这时我们要表达清楚我们的诚意，虽然是随意聊天，但是听到对方的真实想法对我们很重要，对事情的处理很重要。这样，才能在大家轻松随意的同时，又能畅所欲言说出真实的想法。

2. 第二次正式沟通，要明确表达诚意或歉意，坚持立场和原则，是对事不对人，如有分歧请见谅。由于第二次是正式沟通，双方在一些原则和立场上会有明显的差异，在各自说服或沟通过程中容易激动。首先我们要端正立场，我们是来解决事情的，因此尽量谈对事务的理解，而不是对人，因此要避免“你这个人怎么这样呢”“和你没法沟通”之类的说法，而是多从“你对这个事情的理解的立足点是什么”“这个事情我们如何才能达成一致，需要哪些条件”等解决事情的角度出发。万一在沟通中出现了情绪冲动，也要在沟通结束前明确表达诚意或歉意，表明是在坚持立场和原则过程中有些激动，是对事不对人。

3. 第三次正式沟通，要明确表达谢意，由于得到对方的支持，事情得以圆满处理。无论是领导的决策意见还是指示精神，还是第三方专业意见的作用，第三次正式沟通结束前，都要主动对各方表示感谢，感谢他们的努力和参与，事情才得以圆满处理好。给彼此留下好的印象，也为日后更好地开展合作留下情谊。

• 14.2 沟通平衡记分卡之四：学习与成长

如果要成为一位成功的领导者，你需要员工通力合作，群策群力，以求达到共同的目标。每位员工都要各尽本分，紧守自己的岗位，才可以使工作顺利进行。就算只是一位员工的不良工作习惯，也会引起同事之间的摩擦；如果你不采取相应的行动，纠正这些不良的工作习惯，就很可能会损害整体的士气。

不良的工作习惯种类很多，其中包括工作中休息时间过长、违反安全规则、凌乱的工作场所、不适当的衣着、私人电话太多、办公时间闲谈、喜欢与其他员工争执、工作态度散漫、经常请假等。这些情况都会妨碍工作顺利进行，甚至使其他员工也以为可以违反工作规则，以致不良风气蔓延，影响整体的工作表现。

为了减低个别员工不良工作习惯的影响，你需要一些技巧。去察觉及找出这些不良的工作习惯，则所需技巧更高。

在与员工讨论他的工作时，一般都会专注在质或量方面的表现，但是在讨论辅导员工技巧时，则需要专注在行为方面，即员工怎样做工作。我们要面对这个事实：我们一般都不喜欢别人指责我们工作态度散漫，或者私人电话太多。由于这些情况好像是一些私事，因此在讨论改善工作习惯时，就要特别小心处理。

无论从公司的业绩要求、客户的需求还是个人成长的角度来讲，员工辅导工作都需要有实质性的效果。而想提升员工辅导的有效性，需从员工辅导的常见做法看起，目前的员工辅导有三个层级：

一、只告诉员工错了。

二、告诉员工错的问题点和正确的答案。

三、指出员工错误的问题点、分析原因、找到改进方法。

这三个层级看起来是有递进的，一个层级确实比另一个层级有进步，但是都存在同一个效果：员工这个问题会了，但是遇到下一个问题或者客户换一种问法员工又不会了。

造成这种现象的主要原因是：管理者对员工进行辅导，就问题讲问题，就问题讲方法。员工仅仅是这个问题会了，但是能力并没有得到提升，碰到了下一个问题还是不会。

也即，员工辅导其实包括两个层面，一个层面是当问题出现时立即告诉员工正确做法和具体的答案；另一个更重要的层面是，针对员工能力的缺陷进行辅导，从根本上提升员工的能力。

员工辅导的终极目标是员工的能力提升，而不单单是一个问题的解决。正确的辅导流程应该是：

1. 发现问题

管理者可以通过监听录音、接受员工询问或者巡场监察等形式发现员工的错误。还可以根据业务数据、质检成绩或客户满意度等指标表现发现员工的问题所在，并且清晰地定位员工出错具体的问题点在哪里，是什么。

2. 定位问题

(1) 当员工出现差错的时候，需要思考的是：

① 是个性问题还是共性问题？

如果仅仅是这个员工的问题，大多数人不会有类似的错误，那么就是个人问题了。如果管理者判断其他人也会有类似的问题，或者管理者能够预见到，如果这个电话换成是其他人接的话也会出现类似的结果的话，那么就是共性的问题了。

而共性的问题一般是流程或者话术的问题，需要马上召集会议或者培训，预防问题的再次发生；之后还需要发起改进的申请，争取从规范上彻底解决。

如果是个性问题，则需要进一步思考：

② 是偶发现象还是常见现象？

如果是偶发现象，可能是员工的情绪或者某个知识点确实不会，可以立即解决；如果是常见的现象则说明是员工的能力问题了。而涉及能力方面的辅导方法则不再是简单的一个业务问题的告知和讲解，而需要从能力方面提升了。

③ 员工的哪方面能力有问题？

员工一件事情能否做好分为两个层面：能力问题和意愿问题。也即，会不会做和能不能做的问题。而再进一步来讲，还可以分为情绪问题、心态问题、技能问题和习惯性问题。而不同的问题的解决方法是不一样的。我在课堂上经常会讲解员工辅导的 24 种方法，篇幅有限，这里不便一一陈述。但作为管理者需要能够清晰地定位员工所欠缺的能力类型，再进一步思考：

④ 这个差错有什么样的规律吗？

我曾经有一个员工平常表现都还不错，但是偶尔会和客户发脾气。当我把她所有对客户发脾气的录音找到一起分析之后发现：只要客户说“你懂吗？”“你明白吗？”员工就会发脾气。这说明员工是个自尊心很强的人。那么，如果员工每次发脾气都和她谈心，缓解她的情绪，确实这次没问题了，但是下次遇到同样的问题还是会犯错误的。但是如果能够教会员工控制情绪的方法，并且帮其调整心态，则问题就会彻底解决了。

一般来讲，如果能够找到员工出错的规律的话，问题的解决也就容易了。

（2）当员工的业绩指标表现不好的时候，辅导的流程是：

① 员工的数据表现一直是这样吗？

如果员工的某个数据表现一直不好则是员工的能力问题，而如果仅仅是某个月或者某一段时间的变化，则要关注员工这段时间的表现和背后的原因了。

② 员工的这个数据的发展趋势是？

如果员工的某个数据虽然表现不好，但是在缓慢地上升，那么问题不大，说明员工已经有了相应的改进方法或者是经验在慢慢积累的过程中。如果数据是呈下降的趋势则要关注员工的心态或者情绪，甚至考虑员工是否有离职的意向了。

③ 影响这个数据的常见原因有哪些？

每个指标的影响要素是不同的，那么针对员工表现不理想的指标需要找出常见的影响要素，并且确定在这个员工身上是哪些要素在发生作用。

④ 员工的哪方面能力欠缺？

从众多的影响要素中定位出这个员工的能力问题所在，找到影响数据表现的根本原因。

3. 制定改进计划

准确定位员工的问题之后，就需要制定改进的计划了。最好的办法是：

（1）与员工沟通

员工是执行者，具体的改进方法需要员工认可才行。与员工沟通，要做到：

① 用出错的问题或者事件、数据来说明问题所在。

② 与员工共同分析造成现象的具体原因。

③ 共同探讨解决问题的方法。

④ 和员工一起确定监督机制——有些员工自觉性不强，需要有人来监督才能坚持执行，但是监督的方法和机制需要员工认可。

⑤ 改进的标准和时间——达标的标准是什么，什么时候能达标，每天的日常工作是什么。

（2）管理者监督执行

越是业绩表现差的员工越需要监督，管理者不要对员工的主动自觉抱有太大的希望，人都有惰性。员工的成长需要管理者持之以恒的监督。

（3）阶段性回顾与调整

能力方面的改进往往很慢，短时间往往效果不明显。还有可能是当初制定的改进计划是有问题的。所以需要阶段性回顾，并且根据效果调整改进的方法和措施。员工辅导不是一蹴而就的事情，尤其是能力方面的提升，不是通过一次两次的辅导就能够解决的，往往需要长期的坚持与不懈的努力。而这里面需要员工个人的坚持，更需要管理者从监督角度的坚持。

4. 辅导的原则与思路

在实际应用这些技巧时，请谨记

（1）采用积极的方法。

（2）针对事而不针对人。

（3）要尽量明确清楚，同时要维护员工的自尊。

（4）以开放谅解的态度聆听对方。

(5) 鼓励员工想出解决方法。

(6) 尽可能采纳员工的提议。

(7) 订立具体的跟进日期。

第四章：团队管理篇

团队的发展是在攀越一座又一座的高峰，登山团队需要有丰富的专业知识和能力，更需要科学的思维和方法为指导。团队管理要达到“一览众山小”的至高境界，团队激励和辅导则是达成目标的“罗盘”和“指南针”，这也是团队经营发展的“锦囊妙计”。

从分粥的故事看团队管理

英国历史学家阿克顿（1834-1902）讲过一个经典的分粥的故事。故事大意是，有七个人组成的小群体，每个人都是平凡且平等的，他们没有险恶害人之心，但不免自私自利。他们想用非暴力的方式解决每天的吃饭问题——分食一锅粥，但要命的是粥的量是不够的，六个人吃刚好，七个人吃刚好差一个人的分量，由于没有计量工具，他们尝试了多种分粥方法。

第一种方案：起初大家希望采用一种尽可能平均的方法来分配，于是采用抽签的方法来决定谁主持分粥。这种方法表面看起来是一种机会主义公平的方法，只要你抽到第一，自然可以拿着自己的碗先盛粥，这就等于承认了个人为自己分粥的权利，同时也给予了每个人为自己多分粥的机会。虽然看起来是平等的，事实上存在着巨大的机会主义。一个人连续两天没有抽到好的名次，一旦他抽到了好名次，为了弥补前几天的饥饿，加上担心未来几天自己的运气，他会给自己盛很多粥，造成资源的巨大差别性的分配，因为没有标准，权利又是随机会产生，缺乏监控，事实上采用这种方法不是只有最后一名没有粥吃，最后几名都很难保证有粥可吃。

七个人天天生活在一起，发现撑的时候撑死，饿的时候饿死，这根本就不是大家想要的，为了避免继续出现这种现象，大家决定采用第二种方案：选举一个德高望重的人负责分粥，以避免产生标准的巨大差异。开始这位德高望重的人还能公平地分配，但不久他便开始为自己和讨好他的人多分。管理当中只要产生强权，就容易滋生腐败，事实上，谁在这个位置上都会或多或少的出现这样的问题。

很多人发现即使自己讨好、迎合了“领导”，结果还是没有得到“领导”的资源支持，同时还有几个人始终得不到“平均”的分配而产生了激烈的层级矛盾，于是大家共同造反又推翻了这个方法，决定采用能够监督限制“领导”的方法。

第三种方案：选举一个分粥委员会和一个监督委员会，形成监督和制约。公平基本做到了，可是由于监督委员会常提出各种议案，分粥委员会又据理力争，等分粥方案确定了，粥却冷得不能喝了。

过多的监督和制约给组织的效能带来了巨大的降低。大家也很难在真正意义上能达成共识，因此经过思考他们决定采用第四种方案。

第四种方案：每个人轮流分粥，但是分粥的那个人要最后一个领粥。在这个制度下，七个碗里的粥每次都是一样多，就像用科学仪器量过一样，这种方法达到了真正意义上的平均分配。

看完这个故事很多人都会认为第四种方案是最佳方案，他用一种柔性的方法解决了分配的问题，实现了平均主义。这可能就是目前很多组织绩效管理面临的问题，一味地强求平均主义大锅饭，没有有效地将组织的目标和战略达成一致。团队的绩效必须与组织的目标符合，对于现在很多组织而言，我们要的就是差异性分配，要的就是多劳多得，要的就是组织资源的倾向性分配等方法调动组织内部潜能，从而达到提升团队整体绩效的目的。这就要我们自己放弃平均主义的想法，甚至选择杀死一个、杀死两个的方法来解决资源的冲突。

在工业革命时代，为了满足生产更多、更好、更快的需要，科学管理出现了。在信息时代，其中的一些原则和方法依然有效，但一些思路和理念事实上已经落伍了。人在本质上是很难搞定的，命令和控制人的方式最终会失败。

对于团队中的问题是否你已经找到了明确的答案：

1. 你的团队成员是如何招聘、面试和选拔的？

2. 你的新员工是如何进行学习和培训以达到岗位胜任的能力？

3. 你是如何激励和挽留那些能力最强、贡献最大的明星员工？

4. 你是否愿意从你的团队那里获得更多的责任、沟通和执行力？

5. 你是如何面对和解决团队内部的冲突、阳奉阴违、小团队等各种现象的？

6. 你是如何打造和培养自己的“嫡系”团队和“核心”骨干员工的？

7. 你是如何将正确的人安排到正确的岗位上的？

8. 如何面对和解决特定员工的激励与辅导？

管人从来都不是一件容易的事，每一个管理者都需要经历从“管事”到“管人”的艰难转变。很多时候我们工作当中积累的管理自信，很快就被员工清零了！管理者要面对的不仅仅是年龄和价值的差异，我们的权威也正在经历前所未有的挑战，在控制、疏离和对话之中，团队管理的方法和策略逐渐清晰起来。

- **团队绩效管理的由来**

团队是从一个人逐渐发展起来的，一个人的团队，团队的业绩就是这个人的业绩，我们可以把他类比为猎人，只有不断地提高自己的狩猎技巧，如射箭能力、撒网能力、追捕能力等，才能有所收获；随着组织的扩大，慢慢发展为小作坊（几个人），团队的业绩取决于这几个人能否将自己的能力、特性、技能有效地互补和结合，明确分工，各司其职做好工作，这时已经有了专业化的差别；人员的增多意味着小公司（几十人、上百人）的管理难度逐渐加大，光靠团队成员个人的能力还不够，我们要不断使用新的技术和设备，使用新的工具和设备，最大化地利用技术和资源；大公司（几百人、上千人）当然也有它的苦痛，如何管理好人反而又成为难点和重点，为了保证质量和流程，组织从人治到法治，从产品到市场，从内部到外部，更多的是应对变化的因素、不确定的因素，所以大公司强调的更多的是外部刚性的力量，通过硬性的管理规范和约束团队；团队最终发展为大企业（几千人、上万人），这时候组织面对的是如何将以上应对的这些生产要素紧密地结合在一起。

公司做得越大就越会面临业绩压力、团队内部矛盾、销售人员不稳定、市场竞争等多重考验。公司也面临中层经理能力提升缓慢、业绩完成压力巨大、内部销售管理人员培养机制不健全等多种问题。如何才能打造一支优秀的团队已经逐渐成为很多组织面临的困境。

Hackman（1987）和Sundstrom（1990）对团队绩效进行了广义的定义，团队绩效是指团队实现预定目标的实际结果，主要包括三个方面：（1）团队生产的产量（数量、质量、速度、顾客满意度等）；(2）团队对其成员的影响（结果）；(3）提高团队工作能力，以便将来更有效地工作。

在至今众多的有关团队绩效的研究中，Nadler（1990）、Guzzo&Shea（1992) 等关于团队绩效的定义最为流行。

Nadler（1990）认为团队绩效主要包括三个方面：（1）团队对组织既定目标的达成情况；(2）团队成员的满意感；（3）团队成员继续协作的能力。对于绩效管理而言，要对员工担任职务职责的旅行程度以及担任更高一级职务的潜力，进行有组织的并且是尽可能客观的考核和评价。

Jon Katzenbach在《团队的智慧》中对于团队的定义：团队是一个小组具有互补技能的人的组合，他们为共同的使命、绩效目标及工作方法承诺着。因此他们承担着责任。

Jon Katzenbach根据团队的有效性和团队整体绩效的影响，将团队划分为不同的状态：

第一种状态：机械工作组合（Working Group）。基于个体的能力来完成任务，没有明显的增值绩效的需求及机会。团队的绩效等于组织团队的每个成员的自我绩效的累加，更像是美国学者斯帝芬 · P. 罗宾斯(StephenP. Robbins)（1997）《组织行为学》当中对于群体绩效的描述。

第二种状态：半真半假团队（Pseudo Team）。没有致力于或没有真正地努力实现集体的绩效，团队成员没有制定共同的目标。当然很多时候当组织发展到一定程度，生产要素急剧增加，管理者希望通过部门的划分、信息的集中、资源的专注等进行细化、量化、专业化的管理提高组织的效率，结果组织被切割成了孤岛的碎片状态，部门层级有了、信息独立了、职责清晰了，反而造成了团队沟通协作的困难，效率反而大幅下降。Jon Katzenbach经过研究表明在半真半假团队中，团队的绩效甚至小于每个单独的成员或部门的绩效，可见组织内部的桎梏对于团队绩效的损耗。

这种状态一定不是组织想要的，或者说这也是我们力图通过管理行为来弱化解决的。

第三种状态：潜在的团队（Potential Team）。有明确增值绩效的需求并努力改善绩效。设定了团队目标、纪律及工作方法。刚性的管理一旦达成共识从某种意义上可以解决组织中人性的部分弱点，并通过制度流程的柔性导向，将团队的效能加以保证。在潜在的团队中团队绩效等于个体成员的绩效之和。

在数学概念里，1+1=2是真理。但在管理概念上，1+1其实是不等的。我们只有尽可能地剔除组织内部的消耗，同时提升团队的弹性和灵活性，才能维持组织的效能。

第四种状态：真正的团队（Real Team）。团队成员对团队目标有着共同的、相等的承诺、目标以及工作方法，以承担他们每人的责任。这时候我们才看到了团队成员之间的正向加权，团队绩效实现了1+1＞2的效果。

第五种状态：卓越的团队（High Performance Team）。有能够实现高绩效结果的能力。美国学者罗伯特·巴克沃认为，通过持续开放的监督和沟通过程来开发团队和个人的潜能，从而实现组织目标所预期的收益、产出的管理思想和具有战略意义的、整合的管理流程和方法，真正实现 1+1 > 100 的目的。

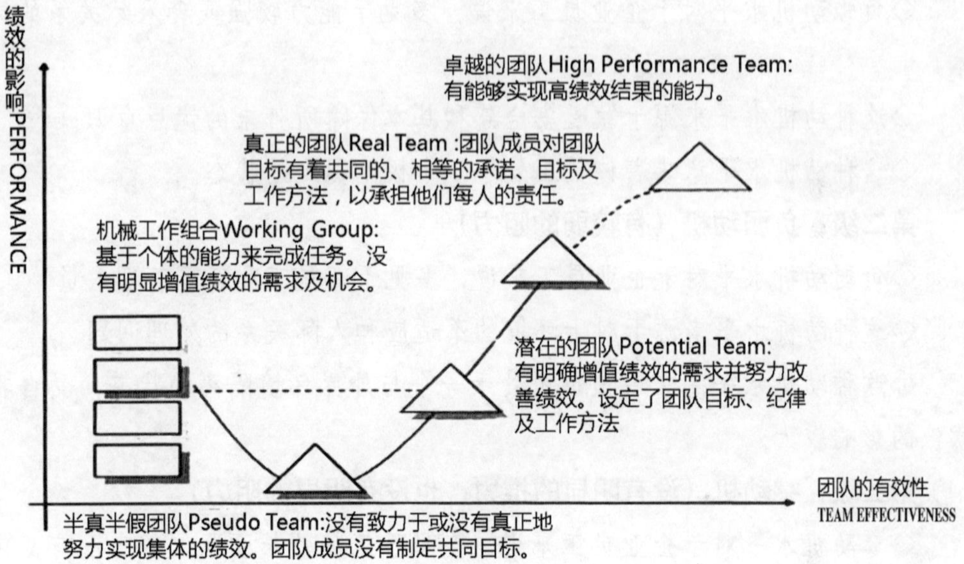

• 团队的九种典型状态

管理行为对于团队成员的实际影响受到团队成员的组成、任务的特性、人际关系等的影响是巨大的，不可否认的是我们必须承认在意愿和能力两个维度下，不同的员工对于组织的绩效贡献是不一样的。

员工业绩公式：员工业绩 = 能力 × 意愿。能力决定了员工的效率，意愿决定了员工会为此做出多大的努力。

员工业绩=意愿 × 能力

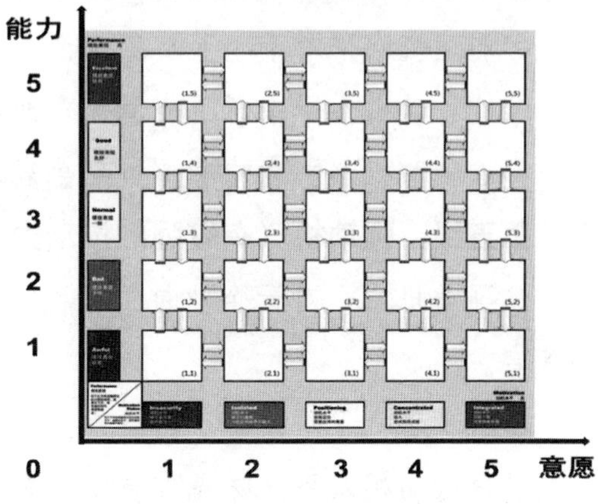

麦肯锡的管理学家为了让大家清晰地看到这中间的差别，分别把意愿分成了五级，能力分成了五级，做了一个员工绩效的模型。

关于意愿五级的描述：

第一级：负强动机（有较强的阻力）

◇负强动机水平对于企业员工来说，多见于能力较强或者人际关系的群体。

◇这种动机水平来源于缺乏安全感和基本保障所带来的忧患意识。

◇这种动机水平意味着该员工处于一个极不稳定的状态。

第二级：负弱动机（有较弱的阻力）

◇负弱动机水平对于企业员工来说，多见于新员工和新晋管理人员。

◇这种动机水平来源于对于环境的不适应和人际关系的处理问题。

◇这种动机水平意味着该员工处于一个与外界环境隔离的状态，受自我意识的影响较大。

第三级：零动机（没有明显的推力，也没有明显的阻力）

◇零动机水平对于企业员工来说，多见于工龄较长而职位一直没有变化的员工或新员工和管理者。

◇这种动机水平来源于自我意识定位的不确定和自我否定。

◇这种动机水平意味着该员工不会怠工，但也不会表现出主动性。

第四级：弱动机（有较弱的推动力）

◇弱动机水平对于企业员工来说，是常见的情况。

◇这种动机水平来源于成就需求或归属需求，与环境有关。

◇这种动机水平意味着该员工会表现出主动性，但对于结果比较在意。

第五级：强动机（有较强的推动力）

◇强动机水平对于企业员工来说，多见于企业的所有者、合伙人或高层决策者。

◇这种动机水平来源于高层次的自我实现和精神追求。

◇这种动机水平意味着该员工会表现出非常强的主动性，能够自我激励。

关于能力五级的描述：

第一级：个体能力：个人的能力与组织目标不符，即使简单任务也无法完成。

第二级：团队能力：个人无法独立胜任，可以辅助、配合、协同他人完成任务。

第三级：人岗匹配：个人能力能独立胜任和完成岗位和职能的工作和任务。

第四级：潜在能力（隐性能力）：实际能力高于岗位要求，只是没有机会验证和磨炼，这部分能力是会消失和退化的。

第五级：专家能力：能力高于岗位要求，并能解决特定的负责任务，具有不可替代性。

我们不妨现在就建立一个基准的模型以方便我们能很好地计算绩效的显著变化和调整。假定我们按照能力影响优先意愿来设定，1–1 员工的绩效价值是 1，1–2 员工的绩效价值是 2，以此类推 1–5 员工的绩效价值是 5，5–5 员工的绩效价值就是 25。

我们不难看出员工的绩效是越往上走，越往右走，越往右上角走，员工的绩效就会提高。这其实就是未来团队绩效管理的方向。

在针对 711 家企业长达十年的追踪之后，我们将团队的状态进行了汇总，将团队的绩效类型按照 M（团队士气）、C（团队能力）、S（系统流程）三个维度的发展程度将团队实际的绩效达成状态分为三大类型、九种模式。

高绩效团队的模式一共有三种：高能力团队、高意愿团队、精英化团队。

高能力团队是指团队成员的能力都处于通用能力、潜在能力和专家能力的范围，即能力水平三以上的级别，是以 C 维度（团队成员能力）为导向的团队管理模式。这样的团队具

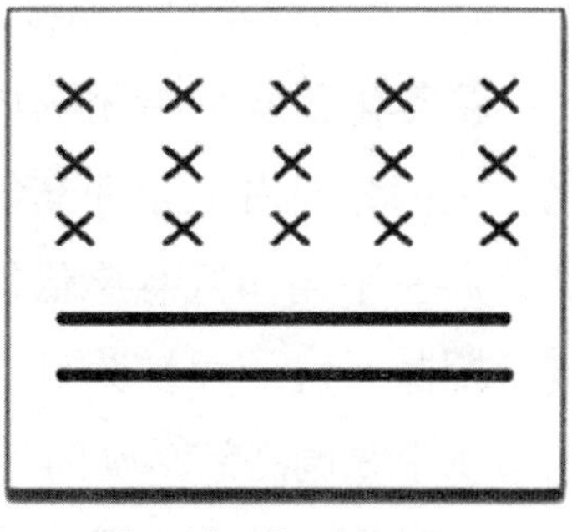

高能力团队

备行动力强、挑战能力强、变革能力强的优势，所有和专业能力、技术水平、严格标准相关的任务这些团队成员操作起来都会极其适合，当然也存在个性突出、纪律性差、难于沟通、固执己见等弱点。

我们看到很多带有科研性质的单位如百度、网易、谷歌的部分部门，员工团队就是高能力团队，采用项目制、虚拟团队、自由工作时间，员工可以自行安排自己的工作时间和工作进度。工作流程的要求没有采用刻板的模式，给团队成员足够的时间和空间，调动每个团队成员的创造能力、创新能力，给组织带来活力。

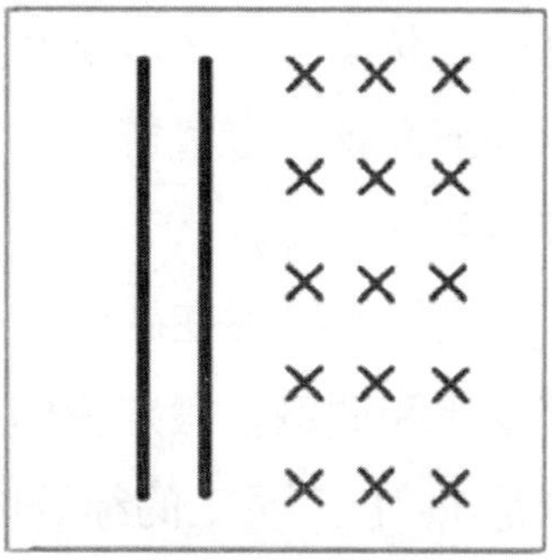

高意愿团队

高意愿团队是指团队成员的意愿都处于零动机、弱动机和强动机的范围，即意愿水平三以上的级别，是以M维度（团队成员意愿）为导向的团队管理模式。很多时候团队的问题和矛盾都会被员工高昂的士气和信心所掩盖，这样的团队具备沟通能力强、协作意识强、创新能力强的优势，所有和人际因素、外界环境、沟通协调相关的任务这些团队成员操作起来都会极其顺手，当然也存在裙带关系、执行稳定性、缺乏决断能力等弱点。

例如我们经常称赞的肯德基的店面销售和服务团队，依靠他们良好的精神面貌和职业规范给我们很深的印象。为了管理好这些团队，肯德基的管理团队在精神层面，将奉献文化、职业心态、职业礼仪、自我管理等都发挥到了极致，给快餐业的工作标准建立了一个标尺。

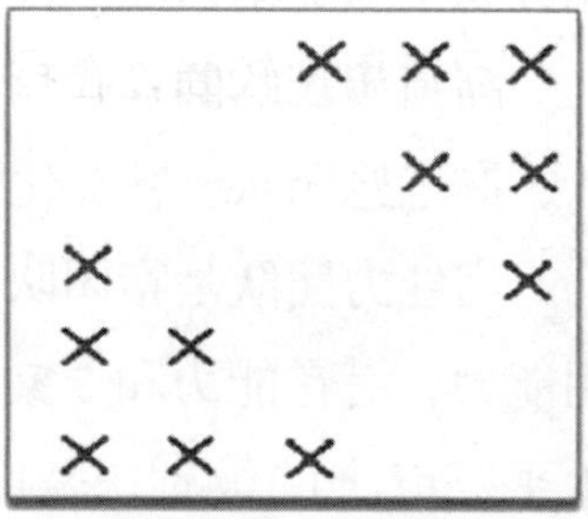

精英化团队

精英化团队是指团队成员会向两个极端分化，一部分向右上角即高能力高意愿集中，一部分向左下角即低意愿低能力靠拢，是以S维度（团队系统流程）为导向的团队管理模式。当组织中强调高额激励同时严厉处罚的过程中，这是一种刚性为主的管理模式，由于有淘汰的机制，组织内部的人际矛盾表象更激励。当纯粹以结果为导向，强调短期回报，这样的团队就是最适合的，这样的团队具有竞争意识强、适应能力强、推动能力强等优势，所有和竞争、市场、客户、变革相关的任务这些团队成员都会积极热情，当然也存在团队内部矛盾、激励模式调整、高速增长等方面的要求。

例如美的集团，在2012年以前中层管理团队依靠的主要就是精英化团队模式，很多业务单元甚至采用的是季度考核的方式。只要一个季度不能达标，立即换人，当然换人的前提是有足够丰富的管理人员储备。事实上提起一个新的骨干管理者，他的意愿更高昂，行动力和拼搏精神会更好，随着业务增长模式的放缓，在2012年美的集团绝大部分业务单元恢复了以中庸为主的管理者模式，给团队更多的安全感，降低中层管理团队的风险。

刚才讲到了中庸团队，它其实是稳定绩效团队的一种，事实上不是所有的团队都要做成似乎高绩效团队，能做成是稳定绩效的团队也是不错的选择。所有团队都必须建立在稳定绩效的团队基础之上，适时地推到高绩效团队，稳定绩效团队的模式是绝大多数团队存在的常态。稳定式绩效团队也有三种类型，分别是：中庸团队、家庭团队和无为团队。

中庸团队是指团队成员的能力主要集中在基础能力、通用能力和潜在能力的范围，即能力水平在二和四之间，是以C维度（团队成员能力）为导向的团队管理模式。

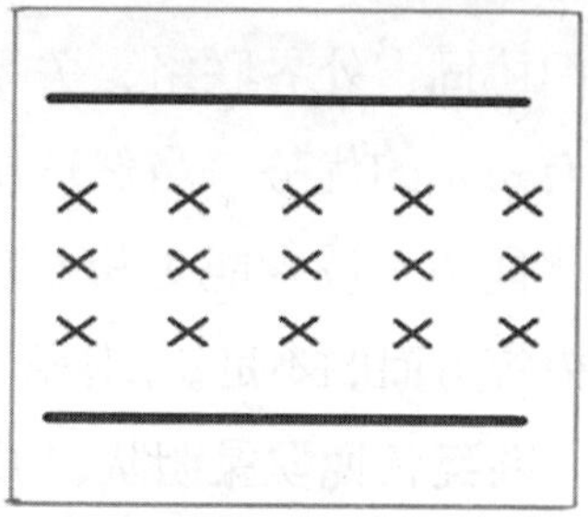

中 庸 团 队

由于团队成员的能力相对比较平均，人员能力的通用性较强，在技术难度不大、工艺相对简单、劳动密集等任务中，中庸团队的可替代性强、灵活性强、持续能力强等优势就会发挥出来，当然也存在能力中庸、专业技术不突出、创新能力差等弱点。

我们看到很多劳动密集型企业，一线的操作工人的团队事实上就应该采用中庸团队的管理模式。我去过浙江杭州一家日资的以生产医疗器械为主的厂家，一进办公区域就知道这家工厂将精益管理已经做到了“精益圈”这个层次。国内的绝大多数企业连“循环圈”都做不到，“改善圈”更是少之又少，更别说是“精益圈”了。事实上他们使用的都是中专为主的工人，大专以上学历的团队成员所占的比重连4%都不到，而生产的产品却是世界上最先进的医疗器械。他们既没有给员工高昂的收入，有没有依赖员工的个人素养，甚至还有接近30%的员工流失，那他们怎么保证正常的经营活动？靠的就是流程，生产的流程制度以及培训的流程和制度，让最基本的人发挥他基本的能力，按照流程和制度就能够完成任务。在这里员工被机器一样使用，进行着简单的、重复的、机械的工作，仔细想想中庸团队就符合他们的管理诉求，你要是带成了高能力团队，组织又没有办法提供更多的物质回报，团队的稳定性一定就会大大降低，这和组织的战略和经营是一致的。

家庭团队是指团队成员的意愿主要集中在负弱动机、零动机、弱动机的范围，即动机水平在二和四之间，是以M维度（团队成员意愿）为导向的团队管理模式。团队成员的意愿相对比较可控，有一定的执行能力、服从能力和配合协作能力。在工作技术要求不高，对沟通能力、部门协同、外界联络、关系影响等要求较高时将有一定的优势，当然这样的团队也存在缺乏变化能力、技术能力相对较低、决策能力相对较差等方面的不足。

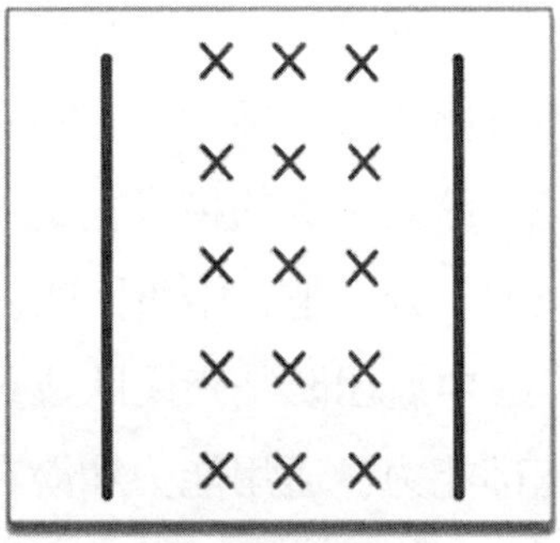
家庭团队

我经常说安保团队、采购团队、财务团队做成是家庭团队就很好，有些人想不通原因。我们不妨演绎一下，就拿管理一个安保团队来说，为了管理的规范，我们现在不仅要求安保人员着装整齐、按要求完成安保工作任务，甚至还要求上班期间不允许看报纸、不允许打电脑游戏、不允许睡觉，说白了就是上班瞪大眼睛，盯着监控的区域，保持足够的精神面貌和始终如一的责任心和警惕意识。话虽这么讲不错，仔细想想这份工作其实没有什么太多的技术难度，比的就是耐心、责任心和安全意识，工作简单粗暴，没有什么趣味性和娱乐性，靠的是时间，而且从事这份工作收入是相对稳定的、微薄的、提升空间狭小的。什么人做这份工作最合适，生活工作没有太多奢求的、比较容易满足现状的、也不喜欢太多变化的人做这份工作最好。细细想想，打造成家庭团队就最好，打造成高能力团队，天天保安就在想怎么才能挣钱，没过几天辞职了；打造成高意愿团队，天天花花肠子，过不了多久他们自己开始想着怎么把公家的东西变成是自己的了，什么叫家贼难防的事情自然就出来了。对于这些安保人员就要求管理者多关心生活状态，安排和充实业务生活，不要让他们太多心、有太多想法，建立团队感，凝聚力，等等，这些才是有效的管理方法。

无为团队是指团队成员都集中在 3−3 员工周边，在这个团队中甚至连 1−1 员工、5−1 员工、1−5 员工、5−5 员工都很少存在，是以 S 维度（团队系统流程）为导向的团队管理模式。这个团队中强调强权管理、又不强调高额激励和严厉处罚，干与不干都一样，干多干少都一样，一个中心若干基本点，随着时间的推移自然就形成了无为团队。团队的优势在于服从能力强、控制力强、稳定性强，当然这个团队缺乏变化、积极性差、变革难度大的缺点也是显而易见的。

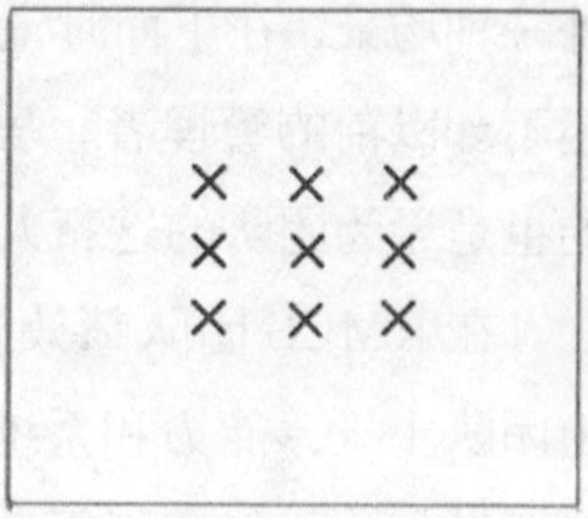

无 为 团 队

在很多央企、国企、政府机关中类似的组织模式应该来说还是占据着常态，在这些组织中强调的是 3−3 的权利核心，因为没有明确的淘汰和考核机制，就会出现不说假话、不说真话、说的是空话、套话，缺乏责任归属、缺乏纠责机制，干的越多犯错误机会越多，慢慢地组织中的平均主义、好好主义、关系之上、权力腐败等现象自然会产生。组织处于一种相对低效率的状态，毕竟政府还能容忍，老百姓和客户还没有爆发出最强烈的变革的呼声。由于强权和部门的垄断，这样的情况依然严重，但这并不能表明这是合理的或者正常的。组织也必须学会适应社会和市场的需求，慢慢地变化，并且从自身做起。

当然不是说在无为团队中，你想变就能变的。很多时候不注重方法、时机和策略，没有意识到管理的多元性，尤其是没有抓住矛盾主体，控制不了风险，我们的很多想法将会被抹杀在摇篮中。就拿无为团队来说，最匹配的管理方法自然就是无为式的管理模式，顺其自然，依然以平均主义为核心，不过分强调变化。一个管理者年轻有为提拔到了新的机关部门做管理者，他很快就发现了这个团队是一个无为式的团队。自认为有很多能力，加上年轻的冲动，于是决定新官上任三把火，还希望拿起一块小石头在这个平静的湖面上激起一丝涟漪，给团队带来一点活力和变化，殊不知小石头扔下去了，竟然激起一个大浪，活生生地把领导者卷到水里淹死了。于是我们又看到另外一种场景，在下面时觉得这也得改那也得改，等到你真正上去，提起来了，还不如以前的管理者，居然什么也没有改变。真到了关键时刻，最害怕改变的也是无为团队的这帮人。

在 RMCS 团队绩效管理模型中，我们很明确地知道团队的短期业绩是由团队士气、能力和系统流程共同作用的结果，三项当中至少要有一项管理者要做好才可能实现短期业绩。如果三项当中管理者一项也没有做好，答案是明确的，结果一定做不好。我们接下来看看组织当中有哪些低绩效团队的状态，按照这三个维度我们也分为三种类型，分别为：低能力团队、分裂式团队和低意愿团队。

低能力团队是指团队成员以个体能力、基础能力和通用能力为主，即能力水平都在三以下的级别，是以 C 维度（团队成员能力）为导向的团队管理模式。通常新组建的团队、从事新的业务、更换工作的重心、工作方法调整或者设备、技术、工艺改变等给团队带来的影响就是在一个完成任务相对能力较低的团队时的状态。这个团队的劣势就在于专业能力较低、

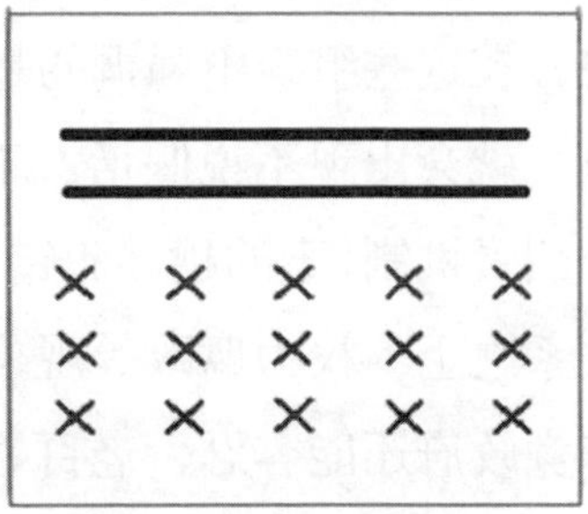

低能力团队

员工参差不齐、工作推进速度差。这就对于管理者的能力、培训方法、能力训练的模式有很大的要求，能否陪同团队一起苦干、实干，推动团队业绩的达成。

对于低能力团队而言，我们也可以欣喜地看到这个团队的绩效是有巨大的业绩提升空间的，只要管理者方法得当，给予团队适当的能力支持、资源供给、平台搭建，这个团队的能力就具有提升的空间。

分裂式团队是指团队成员向四边靠拢、四角靠拢为趋势，最为极端的就是向左上角和右下角集中，有能力的不想干，有意愿的干不了、不会干，是以 S 维度（团队系统流程）为导向的团队管理模式。

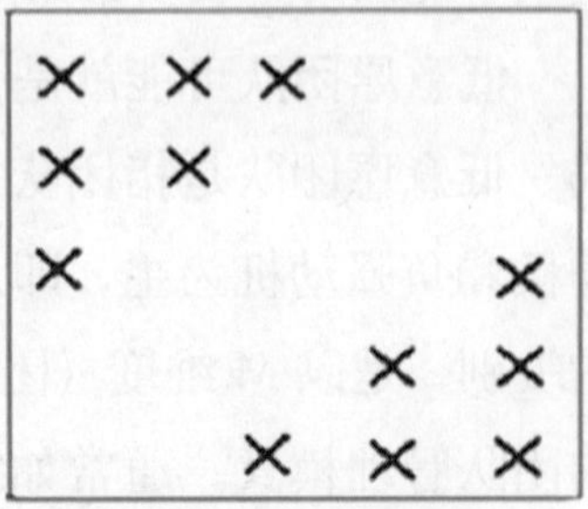

分裂式团队

很明显分裂式团队的系统是混乱的，非但没有形成正向的作用，反而给组织带来了更多的麻烦，这其实就是管理多元性的核心问题。

联想的“柳倪之争”，希望饲料刘氏兄弟分家，等等，这些企业在团队问题上处理得当，很好地消化了因分裂带来的风险。但更多的则是那些未能有效处理团队分裂而中途倒下的企业。团队分裂可能基于这样几个原因：

第一个原因，基于能力和素质的团队分裂。团队成立之初，管理者聚合了亲朋好友成立了自己的团队，亲朋好友最大的特点是极高的信任度和参差不齐的能力素质。随着企业的发展，终将有一部分骨干跟不上企业发展的步伐，掉队者通常面对其他能力素质高于自己的团队成员会有心理失调。这种心理失调带来的心理平衡可能会有三种结果，一种是通过离开团队来实现自我平衡，直接带来团队的分裂；另一种是认识到自我的差距后苦苦追赶，但终因先天不足而限制了团队的能力；第三种结果更糟糕，可能因无法弥补能力差距转向内部政治权力斗争，对企业的危害更大。

第二个原因，基于利益的团队分裂。团队成员满足于眼前的物质分配的方式，管理者的管理方式打破了这种平衡，或者增加了团队成员获得相应利益的难度或者风险，团队成员为了捍卫自己的利益展开了组织内部争斗。

第三个原因，基于团队目标的分裂。管理者在经营的过程中关于事业将走向何方出现了分歧，这种分歧可能带来的伤害甚至大于利益可能带来的伤害，“柳倪之争”告诉我们，关于团队目标的分裂有的时候是不得不分。

团队分裂不是偶然，也不是洪水猛兽，而是团队发展过程中非常正常的一种现象。但是如果不能正确处理团队分裂问题，不仅仅不利于企业的发展，甚至可能因为分裂所带来的争斗导致企业走向不归之路。

低意愿团队可能就是分裂式团队下一个结局。低意愿团队是指团队成员以零动机、负弱动机和负强动机为主，即意愿水平都在三以下的级别，是以 M 维度（团队成员意愿）为导向的团队管理模式。通常如组织目标不一致、员工对于管理者有极大的人际矛盾、利益冲突、员工对于管理方式和方法缺乏认同、人际斗争激烈等情况下都会产生低意愿团队。

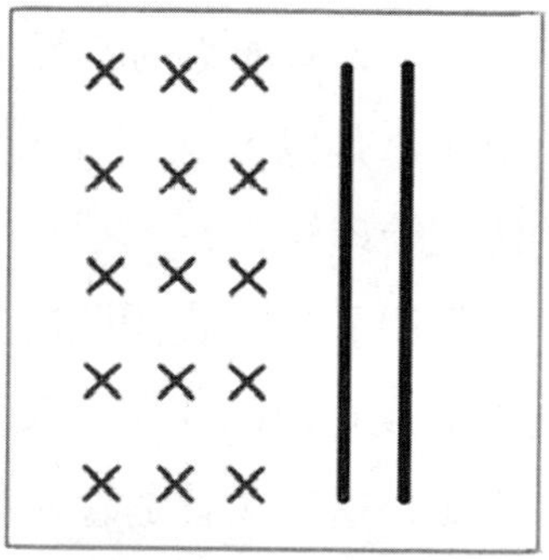

低意愿团队

美国的管理学家帕特里克·兰西奥尼在《团队的五种机能障碍》中指出管理层互相倾轧，员工和上司离心离德，即使同竞争对手相比，它们有更富经验和能力的管理团队、更多资金、更好更新的技术，尽管有这些优势，但整个公司的盈利额和客户量却远远落后于对手。究其原因就在于团队目前处于低意愿的团队状态中。

造成低意愿团队的原因可能有很多，兰西奥尼认为这 5 种机能障碍不是相互独立的，实际上它们共同形成了一个模式，这使得它们每一种都可能成为企业团队的致命杀手。借助于帕特里克·兰西奥尼对于每一种团队机能障碍的介绍，以及它们共同形成的模式，这样有助于更清楚地说明问题。

1. 第一种团队机能障碍是团队成员之间缺乏信任。该问题源于成员大都害怕成为别人攻击的对象。大家不愿意互相敞开心扉，承认自己的缺点和弱项，导致无法建立相互信任的基础。

2. 无法建立相互信任的危害极大，因为它成为第二种机能障碍——惧怕冲突的基础。缺乏信任的团队无法进行直接而热烈的思想交锋，取而代之的是毫无针对性的讨论以及无关痛痒的意见。

3. 缺乏必要的争论之所以成为不利的问题，是因为它导致了第三种机能障碍的发生：欠缺投入。团队成员如果不能切实投入，在热烈、公开的辩论中表达自己的意见，即使他们似乎在会议上达成一致，也很少能够真正统一意见，做出决策。

4. 因为投入不够并不能达成共识，团队成员就会逃避责任，这就是第四种机能障碍。由于没有在计划或行动上真正达成一致，所以即使最认真负责的人发现同事的行为有损集体利益的时候，也会犹豫不决而不去予以指出。

5. 如果团队成员不能相互负责、督促他人，第五种机能障碍就有了可以滋生的土壤。当团队成员把他们的个人需要（如个人利益、职业前途或能力认可）甚或他们的分支部门的利益放在整个队伍共同利益之上的时候，就导致了无视结果。

要想解决低意愿团队的状态，帕特里克·兰西奥尼同样给出了自己的想法，在这里我们需要让大家明白的是团队成员意愿越低，事实上给我们管理造成的难度就越大，管理的有效性就越差。如果说对于低能力团队我们可以采取柔性的管理方式，对于分裂式团队我们采用刚中带柔、柔中带刚的管理模式，对于低意愿团队采用刚性的管理举措会更有效，诚然我们也知道这对于管理者和组织都是一种伤害，但管理者别无选择。

案例 15：奖金发放

在上个季度中，部门重点做的是移动互联技术在生产中的应用，效果非常好，公司业绩有了明显提升，公司特意奖励技术研发部5万元钱的奖金，当然有人参与了项目，也有人没有参与项目，有人干得多，有人干得少，张伟该如何分配奖金？

做法A：

1．员工的想法都很简单，不患寡而患不均，发不好很多人会有意见的。

2．召开部门会议，请项目的主要成员介绍项目成功的经验，并且给予表扬，感谢他们的付出。

3．事先找杨杰代表没有参加项目的成员表达感谢，为了团队的平衡与稳定，最容易的方式就是平均分配。

4．事实上，部门中每个人都有自己的专职工作，都不容易被替代，这是团队的荣誉，并且约定如果以后有其他项目做得好，团队也将采用平均的分配方式。

做法B：

1．奖勤罚懒，多劳多得，能者上，庸者下，这就是奖金发放的原则。

2．一味地平均分配，只会打击能力强的人、干活多的人，长此以往组织的执行力就会不断地下降。

3．按照参与人员的“贡献值”大小，张伟将奖金分配给了项目人员，没有参加项目的人员当然没有奖金了。

4．为了避免没有参加项目的人员有太多的情绪，告知大家以后都按照“贡献值”发放类似的奖金。

做法C：

1．杨杰、邓超、胡波都没有参加这个项目，如果一分钱都不给，一定会打击员工的稳定性和积极性。

2．张伟将这个项目的负责人吕丽娟叫来，询问她的意见，并暗示大家是一个“团队”，并征得她的同意，愿意拿出一部分奖励给没有参加项目的人员。

3. 召开部门会议，表扬技术推广项目组的贡献，同时对于没有参与这个项目的其他成员也表达感谢，强调大家是一个团队，是一个部门。

4. 明确本次奖金发放模式是多干多得的模式，故所有奖金的70%部门全员平均分配，剩下的30%，项目组成员二次分配，并鼓励大家多干活、干好活。

做法D：

1. 不能因为口口声声地喊着团队意识、集体精神，就将平均分配作为管理的标准模式，必须明确的是员工的贡献是有差异的。

2. 不能因为要有差异，就不顾员工的情绪和感受，适度安抚一下大家可以更容易平衡。

3. 奖金发放标准为5555模式，总奖金50%部门全员平均分配，总奖金剩余50%项目组成员二次分配，其中50%（即总奖金的25%）项目组全员平均分配，剩余的按照实际贡献分配。

4. 明确告知团队成员，组织将进一步放开奖金发放的力度和比例，希望每个人都努力做好每一项工作。

统计表

	A	B	C	D
您的排序				

• 15.1 需求层次论

亚伯拉罕·哈罗德·马斯洛于1943年提出了“需要层次”论，后来经过不断的改进补充和完善，马斯洛把人的需要分成了五个层次：

第一个层次：生理需要——维持人类生存所必需的身体需要。

第二个层次：安全需要——保证身心免受伤害的需要。

第三个层次：归属和爱的需要——包括感情、归属、被接纳、友谊等需要。

第四个层次：尊重的需要——包括内在的尊重如自尊心、自主权、成就感等需要和外在的尊重如地位、认同、受重视等需要。

第五个层次：自我实现的需要——包括个人成长、发挥个人潜能、实现个人理想的需要。

马斯洛认为，只有低层次的需要得到满足以后，高层次的需要才有可能成为行为的重要决定因素。五种需要是按次序逐渐上升的。当下一级的需要获得基本的满足以后，追求上一级的需要就成了驱动行为的动力。但这种需要层次逐渐上升并不是遵照“全”或“无”的规律，即一种需要100%满足后，另一种需要才会出现。事实上，组织中的大多数人在正常的情况下，大家的每种基本需要都是部分地得到满足。

马斯洛把这五种需要分为高、低两级，其中生理需要、安全需要和社交需要属于低级的需要，尊重需要和自我实现的需要属于高级的需要。低级的需要通过外部条件使人得到满足，如借助工资收入满足生理需要，借助法律制度来满足安全需要等。而高级需要的满足往往是从内部使人得到满足，而且一个人对尊重和自我实现的需要，是永远不会感到完全满足的。高层次的需要比低层次的需要更有价值。人的需要是动态的、发展变化的。因此，通过满足职工的高级需要来调动其生产积极性，具有更稳定、更持久的力量。

• 15.2 来自物质激励的挑战

作为管理者，在教育引导员工方面没少操心，招数也没少使，但似乎这种“物质奖励”的效果更是立竿见影，员工也似乎变得“更听话”“更懂事”了。殊不知，这些“听话”的背后竟然暗藏着更大的危机。

1. 混淆了做事的目的

习惯用物质奖励员工，会让员工做什么事情都以获取某种物质为目的，从而忽视了做事情的根本目的：好好学习是为未来的个人发展奠定基础，好好工作是为了提升自己的工作技能。

倘若常常用物质奖励的方法“拉拢”员工，则会演化为好好工作就是为了得到奖励，好好学习是为了评职称……从而让物质奖励变了味。

2. 员工目光短浅

动不动就用物质“引诱”员工，以换取员工“主动”学习、工作、听话等，会让员工的目光变得越来越短浅。

一旦物质奖励不在，员工前进的动力就会消失，久而久之就会失去坚持不懈的品质和做好长期规划的能力，以至于在以后的工作中很难立足。

3. 丧失内在动力

内在动力是个人努力的根源所在，通过完成事情得到情绪上的满足，获取成就感和胜任感。习惯用物质奖励员工，会让员工丧失内在动力，从而缺乏创造力。由于物质奖励的诱惑，员工做某件事情时，可能不是因为自己喜欢，而是出于获取奖励的目的，一旦目的达到了，做事的动力也就结束了，从而很难做出成绩。

4. 树立错误的金钱观

达成业绩就可以获得对应的奖励……如果员工把所有要做的事情都明码标价，不断提升满足点，要价也会越来越高，最终形成错误的金钱观。

5. 没有责任感

做好工作是作为一名员工的责任，达成工作目标是作为一名员工应尽的义务。如果这些责任和义务员工还需要用额外的奖励才能乖乖去做的话，那他将会成长为一个缺乏责任感、无法对他人和自我负责的人。一旦缺乏责任感，也别指望员工能做出什么惊天的大事，因为“有无责任心，将决定生活、家庭、工作、学习的成功和失败”。

这样的物质奖励，不但对员工来说是一场灾难，对企业来说，也是一场浩劫。因为物质奖励只可能让管理者在教育员工时，节省一时的精力和时间，丧失的却是永久的主动权，无法起到长期激励的作用，一旦停止对员工进行物质奖励，管理者就会时常陷入被员工要挟、否决的尴尬境地。

奖励员工是激发员工做事积极性和兴趣的助推器。求表扬、求奖励是很多员工的需求，身为管理者在实施奖励前，务必要先弄清楚员工没有奖励就不听话、不做事的原因，然后对症下药，这样才能收到更好的效果。

既然过度依赖物质奖励危害这么大，那是不是就不该给员工奖励？当然不是。奖励是人类获取认同、满足欲望的必备手段。没有物质激励不行，过度依赖物质奖励激励员工不可取，滥用更是要不得。物质激励是对于基层员工最直接、最有效的手段，如何使用物质激励达成真正激励下属的目的，降低破坏力和威胁，这是对管理者能力的最大挑战。

• 15.3 物质激励的本质

如何激发员工的工作热情？“发奖金”“涨工资”，也许有人会如是说。事实上这都是生理需要和安全需要感到不足的感受，那么我们就首先看一下大家既熟悉又陌生的物质激励。

为什么说熟悉？是因为大家动辄就将员工难于管理的原因直接归结为“挣钱不多”，好像认为只要有了钱就能够解决这些问题；为什么又说陌生？关键在于“发钱”事实上比不发钱维持现有状态更难，一方面是钱的“来源”，更关键的是怎么发放，如果发的“不合理”，与员工预想的有出入，甚至会造成巨大的人际冲突和组织矛盾。

那么物质激励的本质到底是什么？当然就是发钱的艺术，企业最重要的工作就是如何解决“利益分配”问题，如何建立利他共赢的利益分配机制。企业支付员工薪酬不是为了购买员工的时间，而是员工创造的价值！绩效与薪酬最后应该是一个整体，而不是分开的两个部分；如果将它们分开，结果是员工只看重薪酬，而不创造价值。

物质激励的本质是要达到让员工清楚明白地知道自己的价值与应获得的劳动报酬，真正实现多劳多得，有效激发员工的潜能。

物质激励是来自外在的激励。外在激励的效果是暂时的，一旦外在刺激条件消失，行为又回到了原点。或者说只有外在刺激才能带来内在的反应，有刺激才能有行动，没有刺激就没有行动。巴甫洛夫的条件反射试验证明动物的行为大多是受外界条件刺激的，它的行为是被动的。人毕竟是高级动物，他还有自己的主观能动性。员工的激励应该注重主观能动性一面。

德鲁克指出“金钱报酬不是重要的激励员工的手段”，再好的经济奖励也不是责任感的替代品。当然非物质激励并不能弥补经济激励缺失带来的不满。物质与精神层面的激励都是必要的。

要想有效解决员工激励的问题，必须了解人性的特点。对于人性的研究，德鲁克早在三十年代就已经完成，并构成了其管理学的心理学基础。物质激励，特别是金钱，不是正面激励。它是基于人性的“贪婪”，起码是基于人的“物质欲望”。物质欲望无止境，越激发就越强烈，欲望越多。有人说欲望是万恶之源，虽说有些过激，但足以说明，物质激励容易引发负面影响。员工想要的不是“多点”，而是“再多点”。

人不是纯物质的，也非纯精神的，他是物质与精神的综合体。马斯洛的需求层次理论告诉我们物质需求或激励是低层次的，自我实现、精神需求是高层次的。只有低层次的需求被满足之后，高层次的需求才会凸现出来。

梁漱溟先生将人划分为人身和人心。我们可以看看“人”字的写法，一撇、一捺。一撇，代表人身，一捺，代表人心。人是先有人身后有人心。身心健康，说的是身在前，心在后。但是一捺是人字的支撑。没有这一捺，人立不起来。人心是人的支撑。

人身是物质的，人心是精神的。人身的需求，物质需求，如衣食住行，被满足之后，人心的问题才会暴露出来。

企业需要保持一个相对稳定的员工队伍。如此做，不仅是劳动成本的原因，更是知识的积累使然。员工频繁流失是企业利润的黑洞，知识积累需要时间。更重要的是知识保存在个体的大脑中，而不是企业的电脑里。一个人走掉，会带走这些知识。新来的人要重新积累知识。技术变化也使得掌握一门技术有待时日，任何技术都是熟练工种。只有稳定的员工队伍才能提高工作效率和效能。

• 15.4 物质激励的十六字箴言

事实上，每一种管理行为，有人开心就可能有人不开心，事物本身是对立统一的，放在团队管理上更是如此。

物质激励在使用的过程中，通常会经历四个阶段，目标的制定与分解；方法的选择与评估，定性分析；标准的制定与量化，定量分析；结果的评估与审计，绩效考核。这四个阶段对应的就是物质激励的十六字核心箴言：

能力优先、多劳多得、结果考核、刚性评估。

这就意味着在物质激励的过程中，不是所有的团队成员都会得到实际的好处，事实上只有那些能够拿到奖金的人或多拿奖金的人才会受到真正的激励。

上面的十六字箴言已经非常明确地告诉了我们物质激励受益的群体，只有那些能力高于平均水准的人，才有机会挣到“奖金”，我们甚至可以理解为只有能力 2 以上的员工才可能得到“好处”。那些能力 3 以下的员工事实上是不会得到任何“好处”的，而且由于对比产生的压力，他们甚至会把这种感受直接转化为对于制度、领导者、组织的直接伤害。经过仔细分析，我们可以非常明确地看到意愿较高、能力较低的员工是这种管理行为最大的“矛盾”群体，由于（1，1）（2，2）员工在什么样的管理行为下，都不开心，所以我们一般不关注。真正需要管理者注意的是，你能否接受意愿较高、能力较低的员工（3，1）（5，2）右下角的员工群体会受伤害的事实，他们的群体数量，所占的团队比重，他们会造成多大的破坏力，会造成多大的人际伤害，这些事实上决定了你的物质激励能否落实，是能否取得预想的结果的关键因素。

物质激励的使用必须和能力、机制、结果、刚性的管理文化紧密地结合在一起才能发挥最大的作用。物质激励是打造高能力团队最好的管理手段，最关键的因素就在于负面的矛盾群体人数少，破坏力小，在这种团队成员的组成中，团队的文化和现有的体系，从上到下都是可以接受的，所以执行起

物质激励团队矛盾分析

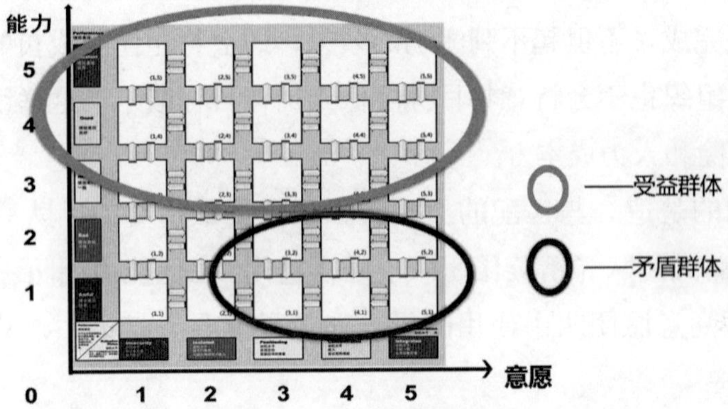

物质激励适用团队类型

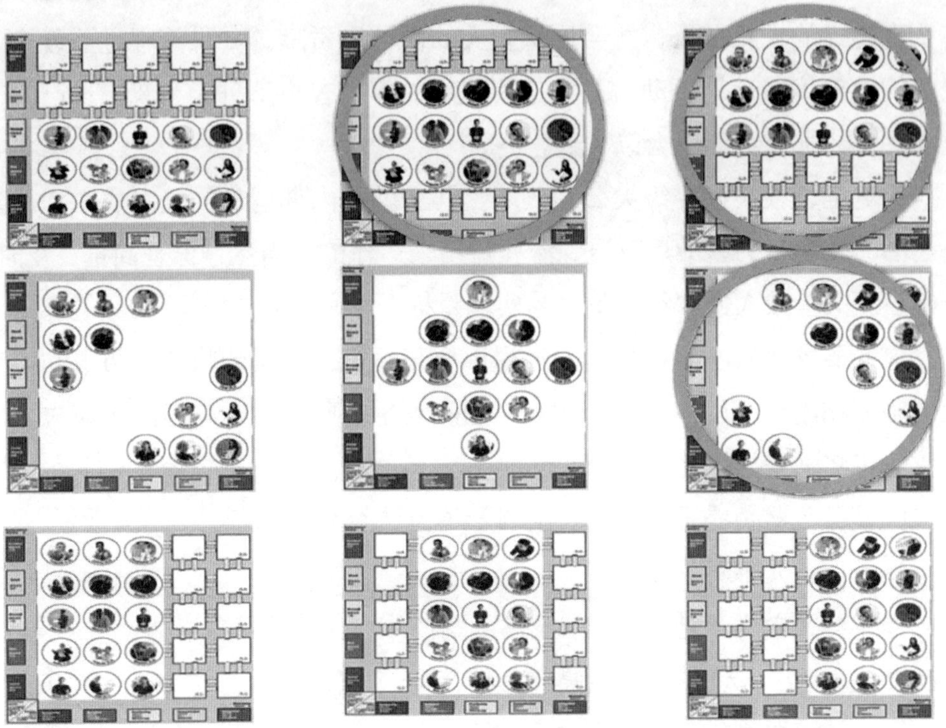

来就容易，也不会有人觉得有什么不妥。

相反的，在低能力团队中，所有团队成员暂时还无法独立胜任工作的任务和岗位的要求，对于目标更是无法保证，如果定立较高的目标，一开始大家就知道无法完成，不但起不到激励的效果，还会打击团队成员的积极性。当然，事实上组织也不会特意将目标降低到岗位目标以下，这样组织会承担较大的经营风险和人力成本。

管理强调的是适合与匹配的原则，物质激励最适合的团队一定是高能力团队，在中庸式团队和精英化团队中同样适用，在低能力团队、无为团队、家庭式团队、高意愿团队中使用的风险和效果就会大打折扣，甚至是举步维艰。

• 15.5 物质激励的使用时机

员工能力的增长是逐渐下降的，制度不可能完善到无懈可击，流程只有与认真遵守的人相配合，才会取得较大的价值和贡献。如果流程过于复杂，沉重的内部体系运转不动，其实是管理高成本，客户不可能为我们自己的高成本买单，那么可能只会以失败告终。

历史上，很多世界级大公司倒闭，其实就是内部运作的极高成本，导致缺乏活力和竞争力，最后衰退。流程是用来运作的，当然目标是简单、及时、准确，绝大多数人遵守纪律就容易实现目标。

这就要求物质激励在使用的过程中要与目标、团队的状态、员工的接受度、制度和流程、工作作风等相互作用和发生关联，适合与匹配的模式才能有效地将奖励差异化地进行分配。

1. 是否考核的是显性目标，且目标有巨大的提升空间？

2. 是否有足够的钱或资源？

3. 个体绩效受工艺、流程、设备影响较小，伴随着执行者的动机（意愿）和能力的改变个人绩效有较大提升空间？

4. 方法流程是否明确并可执行？

5. 个人工作绩效是否可以明确量化？

6. 个人绩效和团队绩效可以分离？

7. 刚性评估，减少人为因素？

8. 允许管理矛盾和收入等的巨大差别？

在进行物质激励之前，你不妨对应着上述 8 个问题进行思考，如果上述 8 个问题都能有效地回答，你的物质激励落实和执行过程中出现的问题和冲突就会减少，当然相反的，如果匹配度越低，物质激励实施的难度和效果就会越差。

• 15.6 关于物质激励的三条建议

物质激励应培养员工正确地看待“钱”与责任

德鲁克建议，物质激励使用的过程中，一定要改变员工对利润的态度。要让他们看到利润不仅对企业好，也对员工有利。利润不是企业剥削员工的“剩余价值”，而是企业可持续发展的保证金。企业要有足够的保证金，利润留成不是太高了，而是太低了。在成本，特别是资金成本高企不下时，企业应该提高利润留成，而非将利润分光、吃光。

物质激励的同时，也要强调责任感，不仅对企业负责也要对自己负责。员工在企业中的最大利益不是股票、利润分成，而是这份工作。这份工作不仅是他的经济收入，更是他的身份象征、成就感的来源。为企业贡献是自己的一份责任。

物质激励应关注员工的心理体验，而不是给予多少

许多人认为物质激励就是交易管理，员工考量管理者的主要标尺就是物质利益的总和，这一点无可厚非。管理者为了调动员工的积极性，会给下属相应的报酬、实物奖励、晋升机会、荣誉、外出旅游、出国学习等“实惠”，以满足员工的需要与愿望，以期唤起员工的积极性。不过，具体效果如何，是否体验到激励管理的“公平、公开、公正”，是否有发自内心的满意，不是管理者一厢情愿的事情，需要看管理者与下属的心理契约状况而定。

管理者设计激励员工的措施时，一定要赢得员工的认可与赞同，切不可“我的地盘听我的”，管理者不是家长，你喜欢的，员工未必喜欢，更不能强迫别人喜欢。要构建一种积极向上的激励文化，通过健康向上、开拓进取的组织文化，来创设出一种奋发、进取、和谐、平等的组织氛围和组织精神。

物质激励要关注持久性，而不是短期目标

激励是管理的基本职能，不能仅仅为了完成一次任务去谋划激励，更不能仅仅为一件事情而设计激励，激励管理不是一锤子买卖，不能只见树木，不见森林，更不能只见物而不见人。应注重激励管理的长期性，注重激励效应的持久性。我们知道，管理是为了正确地去做正确的事情，既要讲究路径与目标，更要讲究效率与效益。多数人注重效率，因为，高效率可以有立竿见影的效果，而讲究效益，尤其是长远的综合效益，则不是一般人能够洞悉的。

可见，物质激励不能只讲及时性，要有战略眼光，要讲究长期性。从时间维度看，激励管理贯穿管理的始终，从这个意义上讲，激励管理就是管理的基本职能。当一个项目结束或当年底考评时，我们总要论功行赏，一般总要依据先设计好的绩效考核指标，看看指标是否完成，看看有没有超额完成，决定给予物质的或精神的奖励。

案例16：活动计划

张伟为研发活动召开会议，分解任务、各负其责、设定日期、亲力亲为，却没想到快到活动日期了，最重要的工作都出现了纰漏。重要的专家只邀请到一半，新样品要到活动当天才能完成，无法确保质量和效果……现在发现问题我们要立刻做出跟进与调整，张伟该怎样做才能确保准备工作做到最佳？

做法 A：

1. 立即召集团队成员开会，明确此次活动的重要性以及领导对活动的重视。

2. 针对目前的问题，进行逐一分析，对责任人进行处罚。

3. 下一阶段的工作每个人明确任务并立下军令状保证结果。

4. 根据军令状的内容针对团队成员进行处罚。

做法 B：

1. 会上跟大家说明工作的重要性，如果出现问题自己和大家都要“吃不了兜着走”。

2. 把大家分成各个准备小组来承担不同的任务，尽量新老、男女搭配，小组内部要自行安排好分工和责任。

3. 在这段时间里因为各自分工不同可以允许不按照正常作息，但如果这样还保证不了结果那就必须受罚了。

4. 奖罚分明是必需的，但要得到领导的支持，用领导批复的形式让大家知道。可以让大家根据制度来背对背评议。自己担任裁判的角色。

做法 C：

1. 开会之前先自己做一下梳理，看看有哪些事情，它们的重要程度是什么，团队里的人员各自都比较适合承担什么工作。

2. 会议中让大家进行讨论，如何才能把目前的问题迅速解决以达成结果，让大家进行任务分配和责任的明确。

3. 对于重要工作和不清晰的内容，张伟帮忙梳理一下，并让大家探讨万一遇到什么问题有没有什么备份方案。

4. 通知大家忙完了这个活动部门组织聚餐，好好放松一下。

做法 D：

1. 自己分析任务后，在会议上对任务进行分配，设定要求和完成时间，有些时间甚至需要提前。

2. 会后将会议决定用邮件形式发给每个人作为备忘录。

3. 虽然会上说明时间紧任务急，领导给的资源也有限，但是还是分别询问大家有什么困难和需要自己支持的。

4 使用甘特图，根据下属的进度反馈不断地跟进任务的进程，并且重点关注最重要的几项，如重要客户的邀请等。

统计表

	A	B	C	D
您的排序				

• 16.1 双因素论（激励保健因素理论）

双因素论是美国行为科学家弗雷德里克·赫茨伯格在 1959 年提出来的。

20 世纪 50 年代末期，赫茨伯格和他的助手们在美国匹兹堡地区对 200 名工程师、会计师进行了调查访问。访问主要围绕两个问题：在工作中，哪些事项是让他们感到满意的，并估计这种积极情绪持续多长时间；又有哪些事项是让他们感到不满意的，并估计这种消极情绪持续多长时间。赫茨伯格以对这些问题的回答为依据，着手研究哪些事情使人们在工作中快乐和满足，哪些事情造成不愉快和不满足。结果发现，使员工感到满意的都是属于工作本身或工作内容方面的；使员工感到不满的都是属于工作环境或工作关系方面的。他把前者叫作激励因素，后者叫作保健因素。

保健因素的满足对员工产生的效果类似于卫生保健对身体健康所起的作用。保健从人的环境中消除有害于健康的事物，它不能直接提高健康水平，但有预防疾病的效果；它不是治疗性的，而是预防性的。保健因素包括公司政策、管理措施、监督强度、人际关系、物质激励、工作条件、福利等。当这些因素恶化到人们可以接受的水平以下的时候，就会产生对工作的不满意。但是，当人们认为这些因素很好时，只是消除了不满意，并不会导致积极的态度，这就形成了既不是满意、又不是不满意的中性状态。

那些能带来积极态度、满意和激励作用的因素就叫作“激励因素”，这是那些能满足个人自我实现需要的因素，包括成就、赏识、挑战性的工作、增加的工作责任以及成长和发展的机会。如果这些因素具备了，就能对人产生更大的激励。从这个意义出发，赫茨伯格认为传统的激励假设，如工资激励、人际关系的改善、提供良好的工作环境等，都不会产生更大的激励；它们能消除不满意，防止产生问题，但这些传统的“激励因素”即使达到最佳程度，也不会产生积极的激励。按照赫茨伯格的意见，管理者应该认识到保健因素是必需的，不过它一旦使不满意中和以后，就不能产生更积极的效果。只有“激励因素”才能使人们有更好的工作成绩。赫茨伯格告诉我们，满足各种需要所引起的激励深度和效果是不一样的。

物质需求的满足是必要的，没有它会导致布满，但是即使获得满足，它的作用往往是有限的、不能持久的。要调动人的积极性，不仅要注意物质利益和工作条件等外部因素，更重要的是要注意工作的安排，量才录用，各得其所，注意对人进行精神鼓励，给予表扬和认可，注意给人以成长、发展、晋升的机会。随着温饱问题的解决，这种内在激励的重要性会越来越明显。

双因素理论强调：不是所有的需要得到满足都能激励起人的积极性。只有那些被称为激励因素的需要得到满足时，人的积极性才能最大限度地发挥出来。如果缺乏激励因素，并不会引起很大的不满。而保健因素的缺乏，将引起很大的不满，然而具备了保健因素时并不一定会激发强烈的动机。赫茨伯格还明确指出，在缺乏保健因素的情况下，激励因素的作用也不大。

• 16.2 不懂精神激励的管理者，不是好的领导者

随着时代发展，很多企业也开始明白精神激励对于员工提升工作积极性

与主动性的重要，开始注重物质激励与精神激励并重，采取了一些精神激励的措施。但是，在传统企业管理体系下衍生的一些精神激励方式，往往带有局限性，不能完全发挥精神激励的正向作用。

1. 重才轻德式的精神激励

许多企业对于那些只要为公司业绩增长做出了重要贡献的员工就给予物质上的重奖，同时还进行“丰厚的”精神激励。奖勤罚懒当然无可厚非，但是对企业而言，并不是只要能赚钱的事就一定能做。例如，有的员工采取了不道德的方式为企业做出了贡献，如重利轻义刺探朋友的商业机密等，这样的做法也许短期之内可以为企业带来可观的收益，但从长远来看，这只会损害企业的声誉乃至企业的根本利益。

2. 只重短效式的精神激励

有的企业认为精神激励是为了在特定时间段内达成某些工作任务而开展的，但这样的激励往往只有短期的时效。而激励理论及其实证研究早就表明，精神激励的方法更要注重它的长期性，否则员工就会慢慢地将所谓的荣誉不当回事了。

3. 手段单一式的精神激励

有的企业一提到精神激励，所想到的方式无非就是给荣誉、戴红花、发奖状等。其实精神激励的内涵非常丰富，只要能使员工感受到集体的关爱并激发起员工工作热情，进一步演化成提高业绩的活动都属于良好的精神激励方法，而在实际运用中精神激励的形式更是多种多样。因此企业应该探索、设置多元化的精神激励方式，最大限度地激励员工。

• 16.3 精神激励和物质激励可以完美地结合

美国全面薪酬研究学会的一项表明：一名员工在组织工作时的总体感受，60% 来自自己的直接上司，20% 来自于公司的各项规章制度，20% 来自于自己的同事。同时，盖洛普一项长达 25 年的研究也表明 60%～70% 的优秀人才流失是由于自己的直接上司造成的，而不是由薪酬或其他原因导致的。是员工缺少上司赏识所造成的。

美国心理学之父威廉·詹姆斯在对职工的激励研究中发现，缺乏激励的职工仅能发挥实际工作能力的20%～30%，受到充分激励的职工，其潜力则可以发挥到80%～90%。而我国在员工激励方面的关注比较晚且大多集中在薪酬等物质激励，对于员工的精神激励措施很少，员工的积极性和创造力的发挥也受到极大影响。如何进行精神激励、精神激励的方法如何不断更新等问题仍是企业急待解决的内容。

根据调查，世界上几乎没有一个老板和首席执行官不是宣称：“人是我们最宝贵的资源。”实际上，“2015年的一次全国性调查发现98%的管理人员认为提高雇员表现可以为公司提高生产率，97%的管理人员认为雇员是公司最重要的资产，但是同样的管理人员却在商务资产排名中把人力资源放在了所有16种资源中第15位。”

那么精神激励的本质到底是什么？事实上是行为和过程的管理艺术。精神激励的本质是让员工保持良好的情绪状态和增加正向行为的付出，真正做好行为管理和过程控制，从而推动组织绩效的提升。

杰克·韦尔奇曾说：任何组织的领导工作，都是建立周围人的自信，让这些人都觉得自己身高丈八。为周围人的每一项成绩鼓掌，不管成绩有多小。这可比什么特定的战略计划重要多了。

只有释放团队成员的能量，你的团队才能拿到最好业绩。释放团队成员能量不能靠管理，也不能靠引领，而得靠激励，并且更重要的是精神激励。精神激励是无法从自私的动机中衍生出来的，管理者需要关心他人，优化与他人的关系，让这种关心潜移默化、自然无声地介入到他们的工作中去，从而产生内在的精神激励。表面上看，物质激励和精神激励在一个组织中是一对互为矛盾的管理手段，但两者作为一个组织中的两种重要的激励手段，是相辅相成、互相促进的，缺少了任何一方都会使另一方的效果大打折扣。单纯的精神激励只能在短期内调动员工的积极性和创造性。同样，单纯的物质激励也可能使人们产生拜金主义，在没有物质激励的情况下就不能很好地工作。在激励手段的选择上，应该综合考虑是薪酬多一些，还是奖金多一些，到底是物质激励多一些，还是精神激励多一些，是设定目标还是引入竞争机制，是优化环境还是强化制度，进而将员工的需求与我们的措施更好地结合在一起。

• 16.4 精神激励的十六字箴言

面对既定的工作指标和压力，几乎每个上司都在梦想所领导的团队是一支常胜军，且具有如下的特质：他们加班不拿加班费，只得到一个盒饭；双休日、例假日照常乐于工作，而没有丝毫埋怨；经常出差，从不推诿或找理由拒绝；对团队组织目标的实现，有着极为强烈的追求；他们忙不过工作时，会主动请家人、朋友义务协助；他们永葆赤子之心和永不服输的精神；视能为顾客服务为至高无上的荣耀。

这就是精神激励的作用和效果，最常见的精神激励是积分制管理。积分制管理下，不仅仅满足员工的物质需求，也能满足员工的精神需求。实行积分制管理以后，员工的积分越高，说明他们对公司的贡献越大，在公司的地位就越高，自我成就感就越强，特别是积分终身累计，不清零、不作废，永远有效，随着积分的不断积累，员工的精神需求就会得到满足。

在传统管理方法中，管理者对员工要求过于严苛，只管员工工作相关的事情，但是优秀人才的创造性往往蕴含于其独特鲜明的个性之中，一元化只能抹杀激情和创造力。长此以往，优秀人才很可能从企业当中流失。

积分制管理下，鼓励员工展示自我，员工有特长加分，例如会唱歌、跳舞、外语等都会得到积分的认可，这不仅仅认可员工在工作上的表现，也认可了员工的技术特长。

积分制管理可以对员工点对点地及时激励，比如：小张做事情做得又快又好还经常帮助其他同事，那我们就可以给他奖分进行认可；小李会议上踊跃发言，提供建议，那同样也可以给予奖分进行激励。

通过导入积分制管理后，不仅仅满足了员工的物质需求，也满足了员工的精神需求，员工工作更有动力。

积分制激励的本质就是通过积分的形式将员工的意愿和行为表现有效地标识出来。一次奖“分”解决了精神、荣誉、物质恩惠三个层面的问题。

在金钱方面：不扣钱，胜似扣钱；不奖钱，效果比奖钱还好。

在荣誉方面：在钱和面子两者之间，有的时候都重要，有的时候也可以塑造面子比钱更重要的环境与氛围。

在物质方面：从小恩小惠到福利赠予，从即时激励、短期激励到中长期激励都可以，设计空间大，实施形式灵活。

积分制激励在使用的过程中，通常会经历五个步骤：

第一步，正向行为的选择：明确界定员工的每一个好的表现或不好的表现。

第二步，积分标准的确定：根据组织战略和目标，针对每一个行为给予分值的界定。

第三步，积分过程的记录：即时记录员工的行为和过程付出，客观公正。

第四步，积分结果的公布：每天、每周、每月自动公示积分结果。

第五步，积分分值的兑现：灵活、多样的兑现分数，激发员工对荣誉的重视，挖掘人的内在需求。

这五个步骤对应的就是积分制激励的十六字核心箴言：

行为选择、过程控制、全员激励、结果转换。

上面的十六字箴言已经非常明确地告诉了我们精神激励受益的群体，只有那些意愿高于平均水准的人，才有机会相信管理者、相信文化、相信愿景，所以积分制激励的受益群体是意愿是零动机及以上的人员。

经过仔细分析，我们可以非常明确地看到意愿较低、能力较高的员工是这种管理行为最大的“矛盾”群体，即（2，4）（1，5）左上角的员工是核心的矛盾群体。

精神激励是打造高意愿团队最适合的管理方式，毕竟零动机右侧的人员众多，左上角的矛盾群体的负面干扰最小，按照匹配性的原则，对于家庭式

精神激励团队矛盾分析

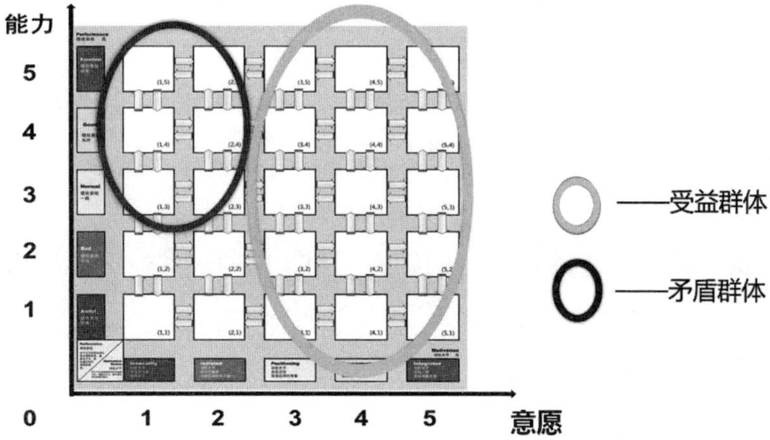

精神激励适用团队类型

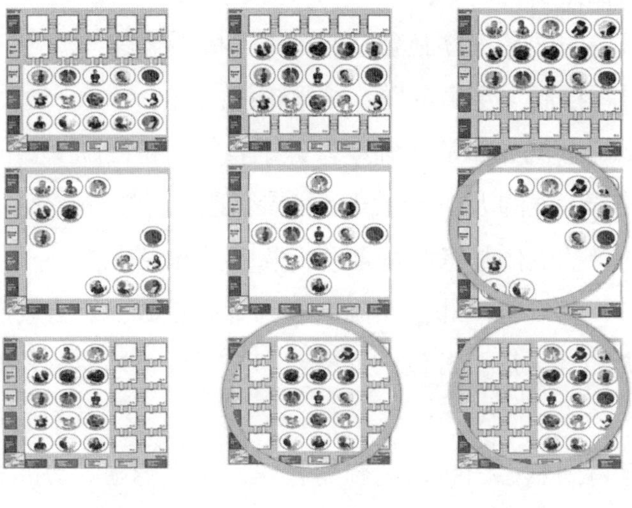

团队和精英化团队，精神激励同样有效。反言之，在低意愿团队、无为团队、高能力团队中推行精神激励，就会遇到重重阻力。

• 16.5 积分制激励的使用时机

企业有时好比一支军队，在这支“军队”里面，有“帅”，有“将”，也有“士兵”：如果说上司是帅，则下属就是将和士兵。俗话说得好：遣将不如激将。换在企业里，也可以说是：命令下属（去做某件事），不如激励下属去做某件事。上司适时地激励，可以使下属同心同德、众志成城，提高工作绩效。一句祝福的话语，一声亲切的问候，一次有力的握手都将使员工终生难忘，并甘愿受你驱遣一辈子。

在管理者使用精神激励的过程中，要竭尽所能地做好以下四件事情：

1. 让工作内容更有丰富性、娱乐性和挑战性，而且要求高品质的表现。
2. 部属不是机器，应协助他们了解工作对整个团队的重要性和意义所在。
3. 使部属完全明白你对他们的期望，当他们达到你们双方决定的标准时，确定能再得到你的激励。
4. 努力程度、工作成果和报酬奖赏之间要有明确的关联性。

当然要想保证精神激励的效果，我们也要看是否符合以下的条件：

1. 个人绩效不容易显性化的考核，以隐性为主。
2. 正向行为是否与组织目标一致。
3. 分值提前公布，并与组织目标一致。
4. 行为应具有一定的难度，一般一天不要超过三次。
5. 能否被第三方监督、监控和审核，并且难度较小。
6. 全员激励，公布成绩的同时关注肯定、成就、成长、责任、机会等激发因素的塑造。
7. 不能过多地关注结果和最终显性绩效。
8. 积分兑现能否有吸引力、新鲜感或刺激程度。

这就要求物质激励在使用的过程中要与目标、团队的状态、员工的接受度、制度和流程、工作作风等相互作用和发生关联，适合与匹配的模式才能有效地将奖励差异化地进行分配。

在精神激励的过程中，我们必须跳出所谓的喊几句空洞的口号，表一点浅浅的关怀，发一张薄薄的证书，给一个虚妄的称号就能让你的下属流血、流汗、流泪的想法和做法。精神激励不是做表面文章，要从态度和文化入手，关注行为和过程，通过制度和体系的作用，纠正和去除错误和不良的做法，强化和发扬正向的行为，鼓励员工的态度和付出。管理者要不停地关注行为与结果的转换关系，不断修正方法，提高员工的能力和工作的有效性，从而保证体系的完美运营、组织结果的实现与超越。

• 16.6 精神激励的三个导向

有效精神激励的出发点应该源于人的心理需求，落脚点也应该是人的需求的满足程度，只有把人的巨大的内驱力释放出来，组织或个人的目标才会实现。正如美国管理学家贝雷尔森和斯坦尼尔给激励下的定义：“一切内心要争取的条件、希望、愿望、动力都构成了对人的激励。它是人类活动的一种内心状态。”对于精神激励而言，我们还必须从以下三个方向进一步地优化与平衡：

1. 德才并重的精神激励

积分制管理，是用积分来量化员工的能力和综合表现，就意味着管理者不仅要求员工做好事，还要求员工做好人。

积分制中的积分可以分为“做事的分”和“做人的分”，对于员工完成任务、努力工作、满足企业业务发展，公司会给予积分奖励，以最大化调动员工积极性；对于员工助人为乐、孝顺父母、才艺展示等做人方面的优秀表现，公司同样给予积分奖励，并设有乐于助人奖、才艺奖等奖项，以便达到多向激励员工的目的。

2. 注重长期效应的精神激励

积分制管理体系下，员工每加一次班、每做一件好事、每一个好的行为，都要用积分进行量化和记录，通过积分记录产生名次，然后再把名次与奖金、晋升及其他各项大小福利挂钩，让员工当下就能得到好处，做到“及时反馈、及时激励”；积分制特有的一月一度“快乐会议”进行奖票兑换、员工抽奖；每一季度根据积分排名进行奖励；年底根据本年度积分排名发放年终奖、出国游资格，等等，这些短、中、长期激励措施相结合，都能有效提高员工工作积极性。

另外，积分制下的积分永不清零规则，扩大了积分的价值，同时认可和鼓励了员工对企业的忠诚度，只要员工不离开公司，积分就能永久、反复使用，这种长期的精神激励更能激发员工的动力。

3. 多元化方式的精神激励

实施积分制管理，可以把积分和除工作以外的奖励和福利挂钩，并形成多元化的奖励模式。在实施积分制的企业，并不是所有奖励都是现金，更多的是精神层面的激励。

管理者可以奖励员工多睡半小时，多休几天假；可以是职级晋升、培训机会，甚至以企业干股作为奖励给个别优秀员工；还有出国游、住房、手机都可以成为奖品。这种多元化的精神激励机制，可以形成企业特有的激励资源，改变企业单一的激励模式，同时更高效、全面地调动员工的工作积极性。

案例17：名正言顺

员工吕丽娟资历比张伟老。由于张伟得到了提升，她没有得到提升，她对张伟心存嫉妒，不服张伟的领导。在张伟要求她承担新技术推广策划准备时，吕丽娟故意刁难张伟说：“你是主管，策划准备名正言顺。”张伟该如何应对吕丽娟的刁难？

做法 A：

1. 事先和马总商量，让马总配合他管理吕丽娟，首先得到马总的支持。

2. 设计一下：在吕丽娟和马总在一起的时候，给吕丽娟布置这次任务。

3. 为确保吕丽娟按时交付策划准备结果，给她发邮件提醒，同时抄送马总。

4. 这样的事情他应该连做三次，让吕丽娟清楚知道谁是领导。只有这样才能达到管理的目的。

做法 B：

1. 对吕丽娟采取先礼后兵的方法。自己来做策划，让吕丽娟配合，用以身作则来感化他。要求下次任务她自己来做。

2. 当吕丽娟下次再次刁难他时，他就会提醒她，他们之间上次说好了，下次任务她必须接受。让吕丽娟失去刁难他的理由。

3. 平时注意在非原则的问题上礼让吕丽娟，尽量避免因为她心理上的失衡而导致上下级关系失调。这是对完成对工作有利的做法。

做法 C：

1. 用轻松的口气说："领导的工作好像是辅导员工完成任务，不是替员工完成任务吧。不过你资历比我老，业务技术能力比我强，用不着我辅导吧。我还等着把你的策划案来给大家做示范的榜样呢。"

2. 紧接着要求她下周五之前交"范文"，周五会议上就按她的策划案标准要求大家今后统一做策划实施准备工作。然后没事人一样走开。

3. 事后不断大声问吕丽娟策划案的进展。他可是和马建国都汇报了，这次策划案是"吕丽娟版"的。

做法 D：

1. 找吕丽娟谈心，表示自己很佩服她的业务能力。希望吕丽娟支持他的工作。他也会很支持吕丽娟。

2. 表示愿意帮助吕丽娟完成技术推广的策划准备工作，请教吕丽娟以前的经验，让她告诉自己应该怎样准备才能取得最好的结果。

3. 赞扬她的主意好，其实她的经验要比自己的理论好得多。这本来就是她擅长做的工作，也是用行动在支持他督促其他人负责完成自己分内的工作。

统计表

	A	B	C	D
您的排序				

• 17.1 归因理论

美国心理学家伯纳德·韦纳（B. Weiner, 1974）认为，人们对行为成败原因的分析可归纳为以下六个原因：

能力，根据自己评估个人对该项工作是否胜任。

努力，个人反省检讨在工作过程中曾否尽力而为。

工作难度，凭个人经验判定该项工作的困难程度。

运气，个人自认为此次各种成败是否与运气有关。

身心状况，工作过程中个人当时身体及心情状况是否影响工作成效。

其他，个人自觉此次成败因素中，除上述五项外，尚有何其他事关人与事的影响因素（如别人帮助或评分不公等）。

以上六项因素作为一般人对成败归因的解释或类别，韦纳按各因素的性质，分别纳入以下三个向度之内：

1. **因素来源**：指当事人自认影响其成败因素的来源，是以个人条件（内控），抑或来自外在环境（外控）。在此一向度上，能力、努力及身心状况三项属于内控，其他各项则属于外控。

2. **稳定性**：指当事人自认影响其成败的因素，在性质上是否稳定，是否在类似情境下具有一致性。在此一向度上，六因素中能力与工作难度两项是不致随情境改变的，是比较稳定的。其他各项则均为不稳定者。

3. 能控制性：指当事人自认影响其成败的因素，在性质上是否能否由个人意愿所决定。在此一向度上，六因素中只有努力一项是可以凭个人意愿控制的，其他各项均非个人所能为力。

韦纳等人认为，我们对成功和失败的解释会对以后的行为产生重大的影响。如果把考试失败归因为缺乏能力，那么以后的考试还会期望失败；如果把考试失败归因为运气不佳，那么以后的考试就不大可能期望失败。这两种不同的归因会对工作行为产生重大的影响。

韦纳的归因理论是关于判断和解释他人或自己的行为结果的原因的一种动机理论。韦纳的归因理论主要有下列三个论点：人的个性差异和成败经验等影响着他的归因；人对前次成就的归因将会影响到他对下一次成就行为的期望、情绪和努力程度等；个人的期望、情绪和努力程度对成就行为有很大的影响。

人们的痛苦、焦虑、不安、烦恼、愤怒等有损心理健康的情绪体验，大都和对别人行为原因的主观推测有关。哪怕在一个细小问题上只有些微的分歧，就足以使两人反目为仇，彼此产生巨大的心理负担和压力。他们争论的问题常常是不重要的，但彼此对对方行为原因的推测起到了推波助澜的作用，使双方都付出了本不该付出的情感代价，造成严重的心理后果。

在人际冲突场合中，如果冲突的双方彼此都能意识到，对方的行为是由某些较少感情色彩的中性因素引起的，他们之间的冲突和由此产生的不良心理反应就会大大减少。

应该诱导和说服当事人，他们对别人行为原因的知觉是有偏向的、不准确的。别人的行为并不是他个人的倾向和特质引起的，而是认识上的偏差造成的。

考虑到现实工作的复杂性，归因理论告诉我们人们在活动中反映出错误的、不精确的原因归因会导致不良的情绪和行为，如果采用一系列干预法，纠正或改善不适当的归因方式，随之能改变情绪和行为。

• 17.2 针对不同层级的员工进行差异化管理

随着时代发展，很多企业也开始明白精神激励对于员工提升工作积极性与主动性的重要性，开始注重物质激励与精神激励并重，采取了一些精神激励的措施。但是，在传统企业管理体系下衍生的一些精神激励方式，往往带有局限性，不能完全发挥精神激励的正向作用。

通过激励能够凝聚不同层面、不同性格的员工，激发他们的积极性和主动性，让他们能够充分发挥自己的能力，去实现组织发展的目标。对于不同层级的员工激励，所要达成的目标也是不同的。

由于人员增加的效用依然服从边际递减的规律，在这样的背景下，管理者比以往任何一个时候都要面对一个问题——如何能够凝聚这些数量众多，拥有不同背景、不同年龄层次、不同专业方向、不同层级、不同价值观的员工，让他们既可以积极主动地发挥自己的能力，又不偏离组织发展的主要目标，避免组织内耗。德鲁克认为，“内部都是成本，外部才是效益。”对于企业来说，降低成本也是解决发展的一条途径，不是只有外部才能给企业发展带来动力的。

所有这些问题最终都归集到员工激励的方面，对于管理者而言，激励所要考虑到的因素会更加复杂，并非单一激励要素就能够达到组织希望的目标。在这一方面，公司持续不断地进行探索，有一些经验和心得，也有问题和困难。

针对团队中的不同位置确定激励方向，分析团队的构成，做到有的放矢、对症下药。依据团队成员在整个架构中的不同位置来分类：普通员工、业务骨干、中层管理者、高级管理者。

1. 对于普通员工，激励的主要目标是让他们能够积极地专注于更好更快地完成手上的工作任务。考虑到这一层级的员工数量众多，情况复杂，激励还要尽可能地减少他们的不良行为。

2. 对于业务骨干，由于他们具有丰富的业务知识和技能，是非常重要的业务支柱，不仅具有解决工作中重点和难点问题的功能，还有传递知识和经验的职能。因此，对业务骨干，激励的目标是尽可能发挥他们的业务特长，同时也要初步挖掘他们培养人员的才能。

3. 对于中层管理者，由于他们是真正掌管公司运营节点的关键人物，因此激励的关键是要让他们能够跟公司的战略目标保持高度一致，为完成公司的发展目标而倾尽全力。这个群体的激励难度实际上最大，从概率上说，公司在这个阶段的人才流失的可能性最大，对公司的伤害也是最大的。这个群体的工作需要细致设置，定制化激励。

4. 对于高级管理者，跟其他层级有很大的不同。高层管理者有大量的决策和协调的工作，对公司战略目标的完成起着极其重要的作用。激励主要体现在如何让高管发挥自己的作用，为企业带来高绩效，带领企业不断向前发展。

• 17.3 来自低意愿高能力员工的挑战

激励对于不同的人具有不同的含义，对有的人来说，激励是一种动力，而对于另一些人来说，激励是一种心理上的支持或者为自己树立起榜样。不同层次的人需求也不尽相同，如果管理者在实施激励措施的时候对所有员工都采用“一刀切”的激励方法和手段，管理效果会适得其反。

群体不同，层次性有所不同，不同的人所追求的价值目标也不同，并且存在着很大的差异。有效的激励必须建立在相同层次、同等价值观的基础上，通过对不同类型人的分析，找到群体的激励因素，有针对性地进行适当的激励，这样的激励才具有有效性。

现在我们面对的是低意愿高能力的团队成员，准确地讲就是(3, 3)到(1, 5)左上角的区域。这部分团队成员通常都拥有丰富的经验或者出众的能力，与团队成员相对熟悉，工龄也相对较长，或者是拥有比较复杂的裙带关系。目前在工作中他们表现出相对负面、消极的状态，甚至是对抗的模式，不仅他们个人的绩效难于保证，很容易使得团队绩效出现大幅度的起伏，对于团队的其他成员也有很强的负面影响。

如果已经严重影响到组织目前的绩效和稳定，对于管理者的你来说，你该怎么办？有人提出直接把他们开除好了，事实上，如果能简单开除也是一种方法。考虑到实际的操作性，却是难上加难！一方面他们往往能力不可替代或者拥有大量的资源，他们的流失对于组织短期业绩会造成巨大的影响，甚至直接威胁管理者的职位安全。另一方面，刚性的管理举措往往需要制度的保证和高层的支持，会带来巨大的人际冲突，这都是中基层管理者所无法控制的。

于是在组织中，对于低意愿高能力的员工管理学家给出的建议是：我们既不能承受失去他们对于业绩的损失或者他们带来的巨大的破坏力，我们又很难满足他们的需求和要求，甚至我们即使像这样做，发现满足的难度大，兑现的结果依然不可控！所以管理学家给出的建议是把他们钉在原处，维持现有的状态，等待时机成熟，我们再做后续的处理。

• 17.4 差别激励的矛盾分析

在这个难题面前，很多管理者可能一厢情愿地认为，只要有足够的意愿和情绪就能解决这些问题，事实上管理行为的结果却是大相径庭。

差别激励的本质就是利用不同员工的需求不同而给不同的刺激，可以全面增加员工的工作积极性。在管理者分层级、分层次、制造相对的公平感都是差别激励的形式，组织中常见的方法有职称分级、技术分级、管理分级等手段，让同样的岗位有不同的待遇，打通专业领域与管理者的晋升瓶颈，是组织中务实与效能的调节器。

差别激励的受益群体我们很明确就是（3，3）到（1，5）左上角的群体，有人开心，自然就有人不开心，这一次是（4，2）到（5，1）右下角的员工。通过差别激励我们要安抚和稳住（1，5）员工，而这种感受往往是对比产生的，于是我们自然要让（5，1）员工稍微受一点委屈了。

在职称定级当中，职称设定要有阶梯性，既符合国家规范，又能体现员

差别激励团队矛盾分析

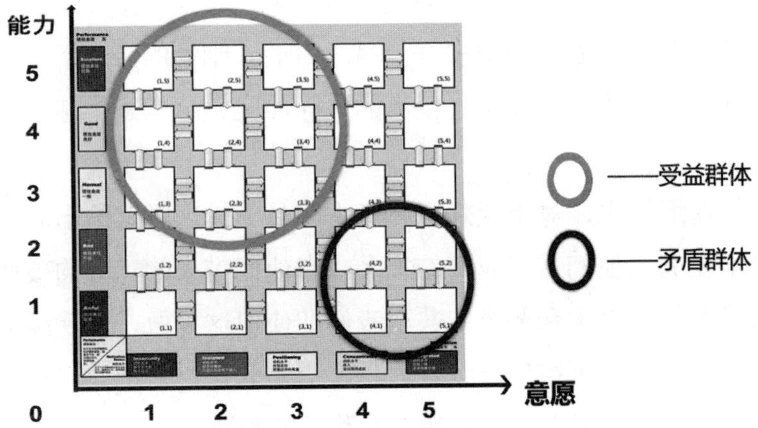

差别激励适用团队类型

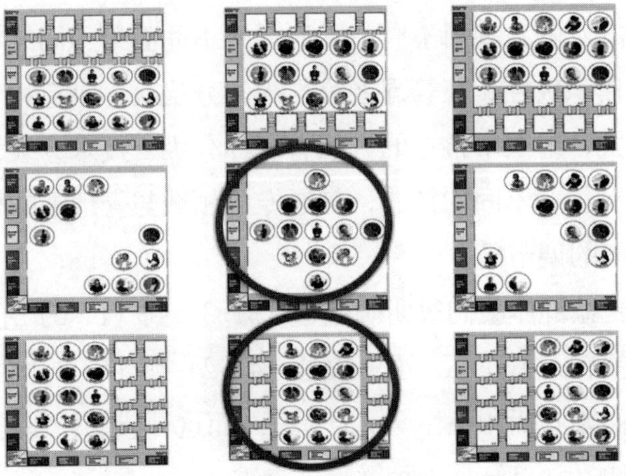

工能力的差异性，分级要考虑提升空间；职称定级过程中要与固定薪金与浮动绩效相结合；职称定级与职务、年限、人际等都有一定的相关性，不能一开始就定过高层级，等等，我们的目的就是让大家有足够长的通道和路径，在本职工作岗位上做出成绩。

在职称晋升的过程中，一方面我们要考虑到老员工的年限；同时还要关注技术型专家的特长；建立内部“师父”带“徒弟”的机制，确保核心技术和人才的储备与传承；还要保证职级的弹性，能上能下的机制与标准。

具体到操作环节，职称定级本身就是利用差别对待不同的人，给老员工、能力强的员工、意愿好的员工有更多的资源和尊重，给新员工、业绩差的员工、意愿差的员工有一点压力，进而形成正向良性的竞争氛围。

职称定级的五个核心问题：

1. 为什么要职称定级？一定是（1，5）员工有问题，如离职率过高，工作偏差对组织业绩有巨大影响，个体破坏力巨大等，为了稳定和降低破坏，我们就要对（1，5）员工适度地关怀与尊重。

2. 职称定级的前提？不是每一个工种都有机会采用职称定级的方法，必须是单一工种人数众多，技术有难度有差别才容易分级。

3. 职称定级层级设定的因素？与员工离职率相关，员工工作稳定性越高，层级划分就应该越多，有足够提升空间和详细的制度和标准。

4. 职称定级的原则？

⑴刚性的标准

⑵普适的公式

⑶管理与技术的交叉

5. 职称考核的原则？

⑴初级中级刚性升迁

⑵高级职称柔性评定

⑶职称降级标准明确

⑷ 定期公布与考核

(5) 职称的升级应该与行为过程结合

差别激励是打造家庭式团队最适合的管理方式，通过人际和对比等管理方法将整体团队以意愿为基准向中间压迫，尤其是左上角的受益群体会阶段性稳定，按照对应的原则，右下角的（5，1）员工受到部分的伤害，意愿略微降低，也在向零动机靠拢。差别激励对于无为团队同样适用，放在高意愿团队中会降低组织绩效，增强团队稳定性。

差别激励事实上给管理者开启了一个窗户，对于（1，5）员工激励或者激将都是有效的，具体还需要结合团队的实际情况做出选择。当然公平是相对的，不是每一次都要平均分配，这样会抹杀老员工、高能力员工的付出与奉献；当然也不是每一次都要差异分配，我们必须给新员工、意愿强的员工公平的参与和投入，这样你的团队才更容易控制、约束、激励和成长，才会更容易完成组织任务。

案例 18：编写简报

为了让同事及时了解行业和技术发展情况，张伟的部门需要编辑一份专业性较强的简报。原简报编辑是由一位企业技术发展研究方面的博士担任。由于该专家最近调离，张伟考虑杨杰做过两年技术策划方面的资料调研工作，对行业和技术发展的情况相对比较熟悉，因此决定由他来接任这项工作。杨杰却很有顾虑，张伟该如何鼓励他接受这项工作？

做法 A：

1. 告诉杨杰应该把这项工作看作是他向领导展示才华的很难得的一次机会，以摒除他的负面思维，达到激励的效果。

2. 让他不必担心，放心大胆地去做，你会一直帮助他支持她，有问题你会替他担着，有成绩算他的。

3. 为他做好最重要的准备工作，以便让他顺利接手工作，在工作中产生自信。

做法 B：

1. 和他分析做好这项工作的两个关键，一是弄清楚公司的战略和未来的发展，二是分析数据与公司的发展相结合。

2. 找来过往的简报与他分析如何才能编好简报，以及应该注意的事项。

3. 在前几期的简报编写过程中，张伟承诺将与杨杰一同完成。

4. 与杨杰一同拜访前任的博士，学习编写简报的经验。

做法 C：

1. 召集部门中所有人员开会，当众宣布由于人员的离职，杨杰将接任简报编写的工作。

2. 发动全员为编写简报做服务和准备，明确杨杰更多的是组织和排版的工作。

3. 组织杨杰与相关部门进行研讨，收集相关部门资料和需求。

4. 定期组织大家学习和研讨简报。

做法 D：

1. 张伟肯定杨杰技术策划方面的能力，并鼓励他发挥优势，可以在简报编写上有所展现。

2. 愿意为杨杰提供一定的支持和指导，并答应愿意提供部分素材给杨杰使用。

3. 鼓励杨杰去收集过往的简报和其他相关信息，相信杨杰一定能很快胜任此项工作。

4. 杨杰简报编写好之后，张伟肯定其优势，并愿意与杨杰一同改进，并鼓励其创新。

5. 部门会议中，感谢杨杰为组织所做的贡献，并奖励愿意为简报提供信息和资料的人员。

统计表

	A	B	C	D
您的排序				

• 18.1 期望理论

维克托 · 弗鲁姆（Victor H.Vroom），著名心理学家和行为科学家。弗鲁姆对管理思想发展的贡献主要在两个方面：

一是深入研究组织中个人的激励和动机，率先提出了形态比较完备的期望理论模式。

二是从分析领导者与下属分享决策权的角度出发，将决策方式或领导风格划分为三类五种，设计出了根据主客观条件特别是环境因素，按照一系列基本法则，经过 7 个层次来确定应当采用何种决策方式的树状结构判断选择模型。

弗鲁姆提出的期望理论的基础是：人之所以能够从事某项工作并达成组织目标，是因为这些工作和组织目标会帮助他们达成自己的目标，满足自己某方面的需要。弗鲁姆认为，人们采取某项行动的动力或激励力取决于其对行动结果的价值评价和预期达成该结果可能性的估计。换言之，激励力的大小取决于该行动所能达成目标并能导致某种结果的全部预期价值乘以他认为达成该目标并得到某种结果的期望概率。用公式可以表示为：$M = V \times E$。

其中：M——激励力量，是直接推动或使人们采取某一行动的内驱力。这是指调动一个人的积极性，激发出人的潜力的强度。

V——目标效价，指达成目标后对于满足个人需要其价值的大小，它反映个人对某一成果或奖酬的重视与渴望程度。

E——期望值，这是指根据以往的经验进行的主观判断，达成目标并能导致某种结果的概率，是个人对某一行为导致特定成果的可能性或概率的估计与判断。

显然，只有当人们对某一行动成果的效价和期望值同时处于较高水平时，才有可能产生强大的激励力。弗鲁姆的期望理论辩证地提出了在进行激励时要处理好三方面的关系，这些也是调动人们工作积极性的三个条件。

第一，努力与绩效的关系。人总是希望通过一定的努力达到预期的目标，如果个人主观认为达到目标的概率很高，就会有信心，并激发出很强的工作力量；反之，如果他认为目标太高，通过努力也不会有很好的绩效时，就失去了内在的动力，导致工作消极。

第二，绩效与奖励的关系。人总是希望取得成绩后能够得到奖励，当然这个奖励也是综合的，既包括物质上的，也包括精神上的。如果他认为取得绩效后能得到合理的奖励，就可能产生工作热情，否则就可能没有积极性。

第三，奖励与满足个人需要的关系。人总是希望自己所获得的奖励能满足自己某方面的需要。然而由于人们在年龄、性别、资历、社会地位和经济条件等方面都存在着差异，他们对各种需要要求得到满足的程度就不同。因此，对于不同的人，采用同一种奖励办法能满足的需要程度不同，能激发出的工作动力也就不同。

对期望理论的应用主要体现在激励方面，这启示管理者不要泛泛地采用一般的激励措施，而应当采用多数组织成员认为效价最大的激励措施，而且在设置某一激励目标时应尽可能加大其效价的综合值，加大组织期望行为与非期望行为之间的效价差值。

在激励过程中，还要适当控制期望概率和实际概率，加强期望心理的疏导。期望概率过大，容易产生挫折，期望概率过小，又会减少激励力量；而实际概率应使大多数人受益，最好实际概率大于平均的个人期望概率，并与效价相适应。

• 18.2 激发欲望 成就员工绩效

激励员工的本质，是让员工的工作潜能得以充分释放和发挥。每个人都是一座能量的工厂，人体中超过 90% 的能量从来没有被使用过。

动力取决于期望。要想充分调动员工的潜能，就必须激发员工积极而振奋的情绪，激励性的能量才会被释放出来。

管理学大师德鲁克认为一个人不满意他的工作，可能是无法从工作中获得满足，也可能是因为他想要有所长进，想要改善他和所属团队的表现，想要完成更大更好的任务。这种对现状的不满意，恰恰是激发他工作动力的积极因素，而不是阻碍因素。因此，满足员工需求的一种方法就在于要让员工树立更高的期望。

《完美激励》认为"欲望驱动自我激励"，激发员工动力的因素是"欲望"，而不是"需求"。"需求"只是生存的必要条件，"欲望"则是我们主动想要得到的事物。一个人的"欲望"就是"我想要"，具有激励作用；而"需求"则是"我有"，没有激励作用。不满足于现状是人的本性，不满足才能产生欲望。因此，激发员工的动力，本质上就是激发员工的"欲望"。

《完美激励》一书列举了人类有八种主要的欲望：

第一，活动欲

活动欲反映了人类对刺激——活跃、参与、享受生活——与生俱来的向往。员工希望主动和参与，希望工作多些花样。

第二，占有欲

一个人拥有多少东西，已经成其个人价值的首要尺度。占有不只限于物质的拥有，心理占有可能比物质占有更重要。员工希望"占有"他们的工作，他们希望有这样的感觉：自己对这份工作或者某个大项目负有责任。为此他们愿意工作很长时间或者接受较低的工资待遇。但是在工作场所，我们很少尝试去满足员工的这些潜在占有欲。

第三，权力欲

权力欲在人性之中也是根深蒂固的，人们希望自己选择，渴望掌控自己的命运。公司通过有效“授权”，就可以释放出员工巨大的工作动力。

第四，亲近欲

每个人都有与别人互动和交往的欲望。工作占据了一个人人生中最重要的阶段和大部分时间，工作场所是员工社会交往的主要场所。因此，在组织中构建和谐的团队，形成人和人之间相互支持和帮助的关系，增强员工对自身社会身份的认同感和归属感，是激励员工的重要途径。

第五，能力欲

人一出生就有能力欲，它是最基本的人类欲望，人类的生存依赖于能力，能力处于自尊的核心，人生中没有哪种感觉比获得能力更好了。拥有能力是一种深刻而持久的欲望。所有员工都希望在工作中获得更多能力，企业要为员工创造这样一种能够不断学习和成长的环境。

第六，成就欲

成就欲处于工作中的核心地位。从成就获得的最终满足是骄傲，或者是完成工作之后的充实感。如果员工在工作中能够获得成就感，那么任何外部的奖励都是没有必要的。甚至有时外部的奖励还会减少成就感所带来的快乐。

第七，被认可欲

每个人都希望被别人赞赏和理解，希望因为他们的优点和贡献而受到认可。得不到足够认可的员工，会变得郁闷和消极。给予认可的方式有多种，包括金钱、礼物甚至是一句简单的“谢谢”。美国的员工关系专家 Bob Nelson 在 1999 年 9 月至 2000 年 7 月期间对美国的 34 家公司的中层经理和员工的所做的调查表明：认可对改善工作绩效有着非常强的联系。对于管理者，认可和赞美是最便携、最有效的激励方式。

第八，信仰欲

“人对意义的追寻，是其生命的第一驱动力量。”人们为了自己心中的理想和信仰，甚至可以献出自己的生命。

总之，激发员工工作动力必须充分关注员工的情绪，尽力激发员工积极而振奋的情绪。而有效调动员工积极振奋情绪的，是欲望，而不是“需求”。

因此，激发员工欲望，是企业在员工激励管理中的新使命。

• 18.3 员工最大的欲望其实是学习与成长

大力开展企业员工培训已经成为一个企业持续发展的基本要求，所以企业开始重视培训，但重视培训不一定就能够做好培训，企业员工培训工作有自己的运行特点。培训不是不能，但没有培训万万不能。依据企业员工培训工作的特性，企业各级人员需要从以下几个方面更新自己的培训理念：

1. 培训是企业的助推剂。企业员工培训工作的开展需要企业最高领导的支持与重视。培训不能直接产生效益，所以往往被很多人所忽视，但是企业最高领导必须重视，要让全体员工知道领导人对培训的态度，否则培训永远只能在大家工作的边缘。

2. 培训并非万能。企业的很多问题不是仅仅依靠培训就可以解决的。比如企业资金问题、企业架构问题、行业问题、领导者风格问题，等等，这是企业内部培训无法完成的事情，只能依靠引进人才甚至求助于企业管理咨询机构以及企业自身的改革来完成。但是，培训又可以为企业各个方面服务，比如销售、采购、人力资源开发、团队建设、职业化、人员素质，等等，记住，这里的培训是帮助作用而不是决定作用。

3. 培训是一个综合性的工作。企业需要方方面面的提高，团队的、技能的、素质的、职业化的，等等，所以培训工作就必须围绕这些方面整体进行，既不能单一地依靠某个思想的灌入就会成功，当然也不能进行大而全而空的没有实际效用的培训。

4. 培训的互动性。企业员工培训工作绝对不仅仅是培训管理部门的事情，企业培训工作是企业所有员工的事情。企业全体人员都必须深刻认识培训对于自己、对于自己工作的重要性。

5. 培训效果的隐藏性。很多企业的高层管理者总是希望培训能够给企业带来立竿见影的效果，希望员工听课以后就可以迅速地运用到工作中，迅速解决问题。这只是理想。培训是一种潜移默化的东西，需要反复的、长年累月的给员工灌输，需要激励员工去执行去运用，培训可能无法立刻见效，但可能几十年有效。正如杰克·韦尔奇说：培训的成本是有限的，但效益是无限的。

• 18.4 成长激励矛盾分析

企业员工培训发展到今天，开始受到越来越多企业的关注。很多企业开始真正引入和建立企业内部培训机制，同时在企业内部成立了专门的培训管理部门甚至企业大学。事实表明，企业员工培训在企业管理、人力资源开发、提升企业整体效益方面发挥着越来越重要的作用。

成长激励的本质就是在组织内部建立学习型的组织，通过培训机制，以老带新，相互学习，团队分享、互动交流的方式和形式，迅速提高员工的能力与水平。

在成长激励的使用过程中，管理者必须要解决以下四个问题：

1. 谁学、谁教的问题

谁的学习效果最好，这个问题的答案非常清楚，一定是意愿高、能力低的员工，（3，3）到（5，1）右下角的区域，例如新员工。学习意愿是学习效果的保证，能力不足经过短暂的学习，成效又特别明显，故而未来管理者看到自己团队当中右下角人数众多，事实上就不用太焦虑了，这个团队相对就要好带一些，至少团队人员上升的空间是巨大的，关键就在于管理者本人是否愿意花费时间和精力“耗”在他们身上。

谁教事实上还是比较难以选择的，由于很多培训、辅导和传承的工作都是基础的、乏味的、没有成就感的行为，又不会和绩效考核紧密相关，很多人是不愿意教的。团队中最优秀的（5，5）员工事实上是很多管理者的第一选择，然而实践证明，这些人要么太忙，要么不愿意总是如此重复地做这些基础性工作，我们还需要寻找别人。可能，仅仅是可能，你很快想到了能力较强的（1，5）员工。那么他们会不会服从管理者的指令去当这个“教员”呢？我们神奇地发现，绝大多数的（1，5）员工还是会执行管理者的指令的，只不过如何把工作做好可能教的不多，组织中的问题、管理者的缺点、如何偷奸耍滑可能第一时间都传递给“新”员工了。说到这里，我们已经很明确成长激励的收益全体就是(3，3)到(5，1)右下角的员工，矛盾群体就是(2，4)到（1，5）左上角的区域，逻辑也很明显，如果有更多的团队成员能力达到了4和5，这时候（1，5）员工在组织中的重要性和破坏力就会相应地下降。

那么谁教最合适？答案可以是(3，3)、（3，4）、（4，3）员工。一方面他们具备一定的能力和经验，另外一方面又有足够的意愿和服从力。当管理者“逼迫”着他们，将他们的方法和经验告知他人的时候，他们无形中又梳理和整合了自己的能力，反而更容易起到教学相长的结果。

2. 学什么 VS 教什么

大学之道，在明明德，在亲民，在止于至善。知止而后有定，定而后能静，静而后能安，安而后能虑，虑而后能得。物有本末，事有终始，知所先后，则近道矣。

《大学》中告诉我们学习要有目标，要专注，要学会方法。

在韩愈《师说》中有这样一句话：师者，传道授业解惑。告诉我们教育培训三方面的内容，知识、技能和方法。三者结合与平衡对于员工最有效，由于组织中员工都是成人培训，所以未来的教育和培训有一个趋势就是解答困惑排在首位，其次是给予方法、标准、技术和工艺，最后才是给予员工知识，毕竟今天大家获得知识的手段和渠道是丰富、广泛和多元的。

3. 愿不愿意学 VS 想不想教

愿不愿学习，对于成人学习而言为了调动他们的积极性，教学设计应该遵循四项法则：第一、参与法则：以学员为中心；第二、效果法则：以解决问题为导向；第三、练习法则：以多样化学习方式为载体；第四、联系法则：以系统性、针对性、专业性为工具。

想不想教则是考验组织的内训师的管理与培养。大部分内训师属于兼职性质，专业技术领域强，但在培训技巧上有欠缺，如在讲台上面对学员却不知道该如何分享。企业需要对内训师的成长有一定的耐性，需要舍得投入时间与精力，侧重表现为内训师的培养和提升以及激励。对于大多数内训师来说，经济或物质的奖励是最有吸引力的。最普遍的如按照课程开发的数量、课程授课时长给予补贴，或是旅游、礼品奖励。列入公司优秀人才库，优先晋升晋级，重点培养。如将通过内训师资格审核作为某些关键岗位必备的任职资格，或是同等条件下竞聘同一岗位具备优先权。环境的刺激作用是不可忽视的，如领导带头组织发起培训，甚至带头兼任培训师；对入选内训师队伍的员工在内部OA系统、邮件、微信、宣传栏等内部文件中通告表彰；聚集内训师队伍探讨、聚会，从精神上给予关怀和鼓励；对积极加入内训师队伍的员工颁发聘书、总经理嘉奖信等，营造企业重视培训工作的氛围，让内训师受到鼓舞。对内训师队伍进行分级管理。按技能、资质、课程范围及难易程度进行分级设置，以级别定课酬。建立内部培训师考核机制。以课内学员反馈、课程开发和编排、内训效果为要素按权重进行考核，年底综合排名、考核结果影响内部培训师晋升晋级。

4. 学得好不好VS教得好不好

对培训效果进行评估分为四个层次：

(1) 学员反应层次

(2) 学员的学习层次

(3) 学员行为变化层次

(4) 学员结果层次

针对以上四个层次，可以采用的评估方式有：

①考试

这种方法可以即时反应学员掌握的基本的知识与技能，可以有效地评估讲师的教学成果，以及学员真实对于教学内容的掌握程度。知识类最好的验证方法就是考试、陈述、识别、区分、命名等。

②调查表

培训调查表可以从三个纬度来做，一是学员；二是培训师；三是培训管理者。学员主要针对课程整体情况、课程内容设计、课程对学员的帮助、课程形式、课程的深度和广度、培训时间安排和课程的优缺点等进行评价，也对培训师的专业水平、授课技巧、仪表、对现场氛围的掌控、与学员的互动、对教学进度的把控等进行评价，也对培训组织管理者的培训准备工作、培训场地和设施、培训日程安排、培训组织者的表现等进行评价。

培训师主要针对课程内容、学员、培训管理工作、培训过程中发现的问题、

成长激励团队矛盾分析

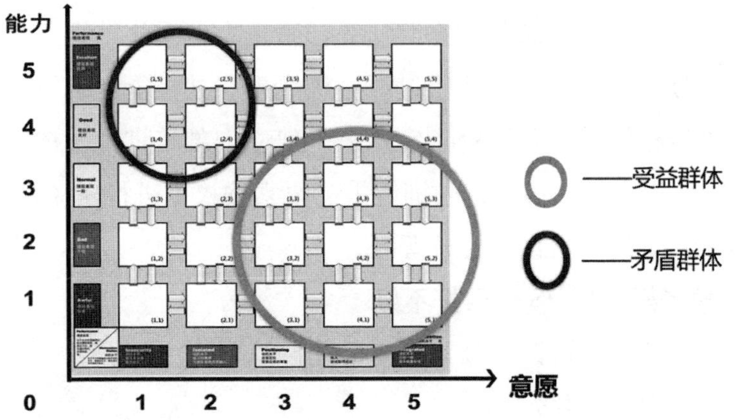

成长激励适用团队类型

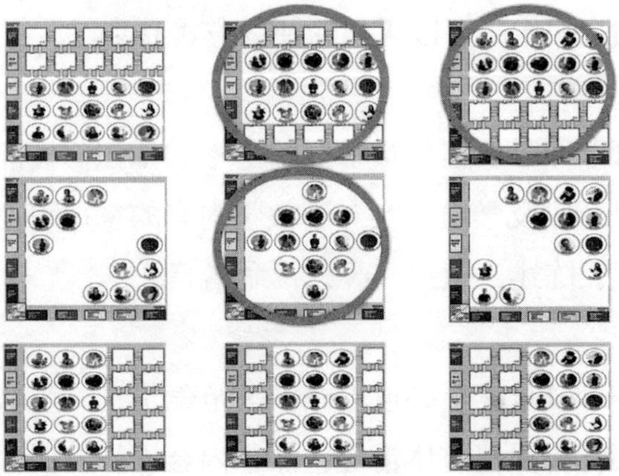

培训效果的建议和对以后培训的建议进行调查。

培训管理者主要对学员的态度、能否跟上培训进度、学员的表现、学员对培训师的反应、培训师能否吸引学员注意力、培训师的风格和培训师与学员沟通情况进行评价。

③观察访谈

针对学员行为的转变进行评价，主要通过对学员行为的观察和对学员的同事及直接上级进行访谈，对学员行为是否转变、转变情况进行了解。

④数据分析

针对学员学习后工作结果的改变，要通过数据分析，比如：工作差错率的降低，业绩的提升等。

成长激励是打造中庸式最适合的管理方式，由于学习符合每个员工的成长诉求，所以成长激励对于无为团队和高能力团队统统适用。能力主要属于任务、结果导向，相反的，人际、团队导向的家庭式、低意愿和分裂式团队使用效果会适度下降。

案例19：改善沟通

邓超目前负责收集和整理数据的工作，工作推进缓慢，成效不大，原因是他需要通过与其他部门沟通及时拿到有效的数据。但邓超无法让销售支持小常积极配合他的工作。张伟应该如何让邓超认识到，埋怨小常不配合于事无补，是他自己的沟通能力需要提高，并帮助他提高沟通能力呢？

做法A：

1.先向马总了解问题出在哪，以及一些具体事实。

2. 和蔼地告诉邓超，销售部的数据不符合要求，并用了解到的具体事实说明其原因是他与小常的沟通出现了问题。

3. 为了让邓超有改进沟通的动力，张伟用自己的例子说明在职业生涯中沟通能力的重要性。

4. 告诉邓超，他已经和对方打好招呼了，鼓励邓超再和小常沟通一次，并规定任务的具体时间。

做法 B：

1. 张伟约邓超一起去见生产部的行政支持张莉。

2. 见到张莉，在寒暄后，张伟首先讲明了数据收集对项目的好处，以及做不好对于双方的负面影响。

3. 当听到张莉面对的一些困难时，他和张莉一起商量解决问题的办法。

4. 同时拿出了准备好的数据模板，和邓超、张莉一起填写了一部分，在回办公室的路上，张伟要求邓超按照他刚才的做法和标准，去跟小常沟通完成数据收集。

做法 C：

1. 叫邓超一起来整理所有的技术数据，在整理数据中，张伟有意将销售部的数据与其他的数据进行比较。

2. 问邓超为什么销售部这次数据不好，发现邓超与小常的沟通出现了问题。

3. 和蔼地告诉邓超在沟通中应该考虑做这件事情对项目的好处，这样对方才愿意配合。

4. 当邓超发现自己的问题后，让邓超再次与小常进行沟通获得好的结果。

5. 规定交付有效数据的时限。

做法 D：

1. 张伟用具体的事实，表扬邓超在这次数据收集中付出的努力。

2. 同时提到如果邓超能提高沟通的能力就将做得更好，鼓励他和小常再沟通一次。

3. 为了做好这次沟通，张伟设计了一个和邓超的角色扮演，让他能找到方法改善沟通效果。

4. 和邓超一起讨论如何才能获得这次沟通的成功。

5. 为了消除邓超的顾虑，告诉邓超，自己将如何支持他。

统计表

	A	B	C	D
您的排序				

• 19.1 成就需要理论

美国哈佛大学教授戴维·麦克利兰把人的高级需要分为三类，即权力、交往和成就需要。在实际工作中，一个组织有时因配备了具有高度成就动机需要的人员使得组织成为高成就的组织，但有时是由于把人员安置在具有高度竞争性的岗位上才使组织产生了高成就的行为。

麦克利兰认为，在人的生存需要基本得到满足的前提下，成就需要、权利需要和合群需要是人的最主要的三种需要。成就需要的高低对一个人、一个企业发展起着特别重要的作用。该理论将成就需要定义为：根据适当的目标追求卓越、争取成功的一种内驱力。

麦克利兰认为，有成就需要的人，对胜任和成功有强烈的要求，同样，他们也担心失败，他们乐意甚至热衷于接受挑战，往往为自己树立有一定难度而又不是高不可攀的目标，他们敢于冒风险，又能以现实的态度对付冒险，绝不以迷信和侥幸心理对付未来，而是对问题善于分析和估计。他们愿意承担所做工作的个人责任，但对所从事的工作情况希望得到明确而又迅速的反馈。这类人一般不常休息，喜欢长时间的工作，即使真出现失败也不会过分沮丧。

一般来说，他们喜欢表现自己。成就需要强烈的人事业心强，喜欢那些能发挥其独立解决问题能力的环境。在管理中，只要为他提供合适的环境，他就会充分发挥自己的能力。权利需要较强的人有责任感，愿意承担需要的竞争，并且能够取得有较高的社会地位的工作，喜欢追求和影响别人。

成就需要理论认为，具有归属和社交需要的人，通常从友爱、情谊、人际之间的社会交往中得到欢乐和满足，并总是设法避免被某个组织或社会团队拒之门外而带来的痛苦。他们喜欢保持一种融洽的社会关系，享受亲密无间和相互谅解的乐趣，随时准备安慰和帮助危难中的伙伴。合群需要是人们追求他人的接纳和友谊的欲望。合群需要欲望强烈的人渴望获得他人赞同，高度服从群体规范，忠实可靠。

• 19.2 目标管理的内在逻辑

管理学大师德鲁克对于目标管理的阐释:“所谓目标管理，就是管理目标，也就是依据目标进行的管理。”目标管理是一种为了使管理能够真正达到预期效果并实现企业目标而在企业管理过程中采用的以自我控制为主导思想、以结果为导向的过程激励管理方法。德鲁克认为，“管理就是制定目标，目标管理是一种战略性导向。”目标应该从“我们的事业是什么？我们的事业将是什么？我们的事业应该是什么？”这三个基本问题的答案中得出。企业的目标是企业的最根本策略，它既是借以实现企业使命的一种投入，也是一种用以衡量工作绩效的标准。管理的真正含义就在于设定目标，以此来决定管理者做的是什么样的事情，它应该是什么样，以及如何才能实现这一标准，即把目标作为管理的核心，把管理作为围绕目标决策的一种实践。目标是行动(任务)的先导，而不是行动(任务)的一部分，制定“目标”有相当的风险。

德鲁克认为企业必须有多种目标而不是唯一的目标。在影响企业生存的八个关键领域中，一般都需要设立目标：市场营销、创新、人力资源、资本资源、物质资源、生产率、社会责任和利润要求。每一种目标都为企业的生存与发展做出了各自的贡献。企业的多种目标形成了相互联系、相互制约的目标系统，只追求单一的目标往往是有害的，甚至误入歧途。由于组织的目标管理体系具有系统性和复杂性，因此多元化目标之间的协调和匹配就显得十分重要。这就要求在各种各样的需求和目标之间进行权衡，按照目标的紧要程度排序，选择和区分主要目标与支持性目标，通过目标把人员、资金和物资设备等重要资源集中起来，用在组织最需要的地方，促成组织目标的实现。德鲁克强调，利润不是一项目标，而是企业战略、企业需要和企业风险等客观因素决定的一种必要条件，也是经营的结果和回报。

目标管理并不是一个简单的问题，执行能力的强弱直接关系着企业最终目标的实现，关系着企业在市场上的竞争力以及外在形象，甚至是企业的兴衰成败……可以说，目标管理承载了很多内容，执行能力决定着企业的竞争力。

目标管理是要教人如何完成任务的学问，是一整套非常具体的行为和技术，能帮助公司在任何情况下得以建立和维系自身的竞争优势。目标管理最终的目的是希望培养人们养成一种新的实践习惯，塑造全新的思考方式。

对于每一个管理者来说，学会目标管理将帮助你选择一个更为强有力的目标，事实上，如果无法确保自己的组织有足够的能力——包括适当的资源和人力——来执行计划的话，你根本无法制定出一份行得通的计划。计划可以为你定下一切活动的基调。它使得你能够对自己所在的行业发生的一切了如指掌。它是最好的变革和过渡手段——比文化、哲学都要好。

执行并不是一门高深的学问，它非常直接，但前提是作为管理人员的你必须积极地参与到每一件日常运营的事物当中，并诚实客观地对待周围的一切。

任何一个管理者都需要掌握和领会目标管理的学问，这样才能帮助你理解如何去执行，如何去沟通，如何找方法，如何去应变——这将成为组织的一个竞争优势，并为个人和组织带来实际的收益。

目标管理的原则就是让个人充分发挥特长，确定共同的愿景和一致的努力方向，实行团队合作，调和个人的目标并实现共同的福祉。一方面，目标管理强调管理的目标导向。每个管理人员必须以整个企业的成功为工作中心。管理人员预期取得的成就必须与企业成就的目标相一致。他们的成果由他们对企业成就所做的贡献来衡量。另一方面，目标管理要强调内部控制，即管理中的管理者自我控制。真正的目标管理就是自我管理。目标管理的内在逻辑是：目标→责任→（自我）控制→成就。

• 19.3 目标管理的 8 问 7 步

一个优秀的目标管理体系要解决好以下 8 个问题：

1. 目标是什么？实现目标的中心问题、项目名称。
2. 达到什么程度？达到的质、量、状态。
3. 谁来完成目标？负责人与参与人。
4. 何时完成目标？期限、预定计划表、日程表。
5. 怎么办？应采取的措施、手段、方法。
6. 如何保证？应给予的资源配备和授权。
7. 是否达成了既定目标？对成果的检查、评价。
8. 如何对待完成情况？与奖惩安排挂钩、进入下一轮目标管理循环。

制定目标的七个步骤：

第一步，理解公司的整体目标是什么。

第二步，制定符合 SMART 原则的目标。

第三步，检验目标是否与上司目标一致。

前三步，大部分中层管理者都知道，但往往是到这一步就算完事了，岂不知，问题才刚刚开始。

第四步，确认可能碰到的问题，以及完成目标所需的资源。

第五步，列出实现目标所需的技能和授权。

第六步，制定目标的时候，一定要和相关部门提前沟通。

第七步，防止目标滞留在中层，要继续往下分解。

• 19.4 管理者是推动目标管理的核心

“是什么将个人的力量和责任心与组织的绩效联系在一起？”德鲁克认为，“只有共同目标”。共同目标是组织与个人、人性理想和公司现实之间寻求协调与平衡的一个立足点，它增强了组织存在的必然性和合法性。“一个正式的组织必须有一个共同的目标。在组织中必须使每个成员能够看到实现组织目标的意义，能够使个人得到什么满足，这样才有可能实现个人与组织之间的协作。”组织成员协作意愿的强弱在很大程度上取决于组织成员接受和理解组织目标的程度。组织目标与个人目标要相互协调，避免二者相互背离。

如果组织目标仅仅只是体现了组织自身的利益，那么目标管理就成为一个与员工毫无关联的“组织自身的问题”。组织目标与个人目标的相互协调和统一正是目标激励的基础，也是实现目标管理的关键和核心。目标管理本质上是一种谋求组织目标与个性发展相和谐的智慧和艺术。成也萧何，败也萧何！中基层管理者要想承担起推动组织爬出无为团队的困境，就必须发挥出自己的价值与作用。

1. 责任意识是目标管理的起点

管理者没有责任感，目标管理就无从谈起。管理者的责任意味着他愿意对工作承担责任，并从完成具有挑战性的业绩目标获得成就感或满意感。责任是对绩效的一种承诺，对于管理者而言，他必须担负起提高效率的责任，因此，其首要的工作是明白自己的“任务是什么”。这就是基于“责任心”的目标设定。

中基层管理者在工作中，会受到各种诱惑或者挤压，以至于他们更希望得到领导者的支持或者协助，而不是直接面对下属或者矛盾。有的时候是不愿意面对冲突，有的时候确实是缺少激励，有的时候是风险和惩戒，部分工作中的现象或者偶尔的伤害，让中基层管理者更愿意退到下属和高层领导者的背后进行观望。

这时候一个“有责任心的管理者”是多么的重要，管理者必须意识到你的责任要大于员工的责任，我们又不能依赖高层的支持。一个“有责任心的管理者”不仅对具体结果负责，他也有权为产生这些结果采取一切必需的行动。他尽力去取得这些结果，并把它看作是个人的成就。以忘我的工作热情，自我指导和自我控制自己的行为和表现，从而做出贡献。

2．弹性目标是目标管理的难点

管理者要把目标作为计划和行动的先导，而不是行动的一部分，并把目标作为管理的核心。目标与计划的根本区别就在于，目标是计划的前导，目标具有激励性，而计划则没有。目标管理的本质就是为了实现组织目标而设计的一种激励机制和管理手段，目标管理的本心正在于通过目标去激励员工提高工作的效率并取得成就，从而实现组织的目标。

工作中绝大多数的目标不是为了结果考核，而是正确的行为和可控的过程，这些才是中基层管理者与员工最容易达成共识的部分。这些目标需要中基层管理者与员工进行目标的协商，针对个人或者组织存在的问题采取行动、措施或方法加以改善。

由于专业度的限制，很多目标都是柔性的、隐性的、阶段性的，这与我们组织目标的 SMART 原则还是有一定的距离，而这些目标不容易被第三方验证，却是中基层管理者管理的主要方式。如果我们总是沉迷于组织的监督或者表面的和谐，我就更愿意维持现状，而不是努力做出改变。

3. 工作方法是目标管理的载体

“是什么将个人的力量和责任心与组织的绩效联系在一起？”德鲁克认为，“只有共同方法”。共同的方法是组织与个人、人性理想和公司现实之间寻求协调与平衡的一个立足点，是方法让人们建立起协作关系，并使个人的目标与组织的结果相互协调。

一方面，对个人而言，只有将个人需求融入了组织利益，现实可行、可操作、可实践的方法把员工的责任充分地调动起来，进而通过人与人之间的协作、人与人之间的体谅，这些“有机协作”实现了组织的“企业文化”，同时也体现了组织是“社会价值”。

4. 信息反馈是目标管理的要求

在目标的制定、实施和评价过程中，信息的反馈和分析是非常必要的，它可以增加实现目标的可能性。对所取得的绩效进行适时的自我评价以及对所设定的目标进行动态调整，都必须基于有效的信息反馈。因此，每个参与者都应该获得他们为考核自己的绩效所需的信息。而且，信息必须传递给有关参与者本人，而不是他的上级。

中基层管理者恰恰是信息反馈系统中最重要的环节，管理者要根据内部、外部的影响对目标要进行动态调整，以适应变化的要求。为了取得管理绩效，必须为每一个参与者提供有效的考核和评价信息，有关信息应该成为自律的手段，而不是上级控制下级的手段。

• 19.5 目标激励的矛盾分析

目标管理将科学管理和人本管理艺术地结合在一起，既注重了“对人的关怀”，同时也提高了工作的效率。在这里我们引用了一组调查数据：对 400 名领导者的调查结果表明，战略执行在他们所列的 80 个重要事项中位列榜首。

在无为团队当中虽然也有例如业绩相对稳定、有一定的执行力、团队内部矛盾可控等优势，也必须要面对业绩下降的趋势，团队成员能力不足、差异较大的现实，当然还有制度、流程、安全等管理处于相对较低的水平，市场化相对较差，员工的积极性相对较低，人际关系复杂等一系列的矛盾。如果长久采用这种平均主义、大锅饭就会造成一些不好的团队文化，伤害能力最强的人或群体，伤害意愿最好的人或群体，团队就会持续向左向下移动。

在无为团队中，我们听到最多的就是变革，从上到下的呼喊，有意思的是一旦真正实施起来，最激烈对抗的又是（3，3）员工，害怕自己的利益得不到保证，失去了安全港，等等。

在这种情况下，我们必须明确我们的目标，制定一个真正被大家接受的战略。然而，令人遗憾的是，很多组织并没有一个真正的战略。很多时候绩效考核的目标只是将岗位职责的内容简单做了一个量化的形式，这样的目标管理是不可能真正起到作用的。

在大多数情况下，绩效目标应该是自下而上与自上而下两种形式并存。避免所有考核都是自上而下制定的。事实上这阻碍了下属创造力的发挥，本质上大大降低了在组织内绩效目标的挑战性。

管理者必须避免目标设定的条数过多，当把我们想到的每一个度量项都加进去之后，员工会失去重心和注意力，很显然违背了目标完成的初衷，目

目标激励团队矛盾分析

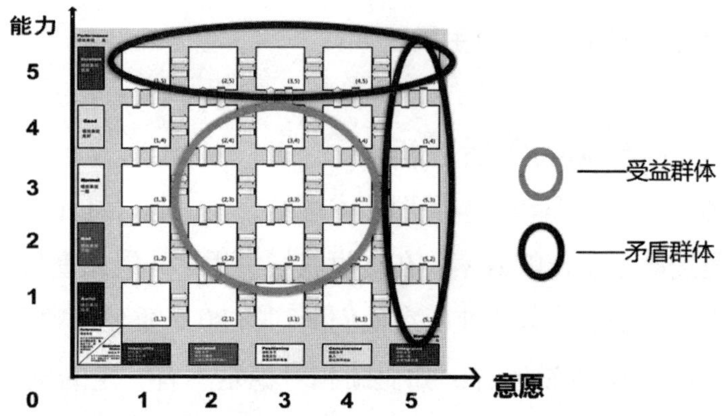

目标激励适用团队类型

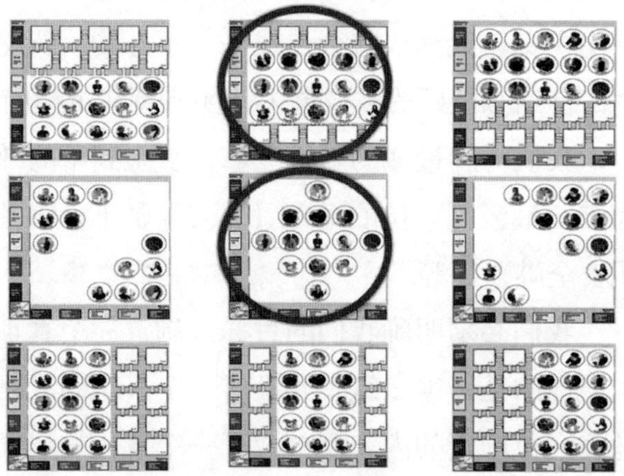

标管理强调把精力聚焦在能决定成败的少数几个关键指标上。

管理者同样应避免目标设定的质量模糊，对于结果定义得不清楚，难以理解和采取行动。

一线员工通常离公司高层战略太远，所以公司的绩效指标如果只提供少量指导，是不足以对他们的日常工作产生牵引作用的。实证研究和经验表明，大多数人都想有所作为，希望为组织使命中的伟大目标贡献力量。分解和细化指标能释放员工的创造力，让你可以充分利用取之不尽用之不竭的脑力资源。

目标管理的收益群体就是以（3，3）为核心的人员，如果不采用目标管理会打击伤害能力和意愿最强的人员。

目标激励的本质是希望将团队从无为团队直接推进到高能力团队状态当中，管理者是核心，弹性目标的设定是难点，工作方法和资源是载体，管理者力争利用团队成员的参与度，推动团队向高绩效团队前进。

案例 20：绩效面谈

公司绩效考评要求各部门按照 20% 的 A 类、70% 的 B 类、10% 的 C 类的比例来考评员工。这给张伟的绩效考核与面谈带来了难题。即使对被评为 B 类的员工面谈，都很难达到正向激励的效果，更何况被评为 C 类的。这次季度考评，胡波被评为 C，原因是他与其他同事相比，在工作中无视劳动纪律，不能按时完成任务。胡波本人却不接受，张伟应该如何和他做绩效面谈呢？

做法 A：

1. 在部门的季度例会上先强调公司绩效考评的严格性，并公布本季度的绩效考评结果。

2. 会后找胡波单独沟通，告诉他已经是团队考核的末端了，给他施加一些压力，如果再不改善的话，可能就会饭碗不保。

3. 当然如果有需要提供帮助的时候可以尽管过来，帮助下属是管理者的重要工作内容。

做法 B：

1. 首先找胡波到办公室谈话，询问一下这一段时间工作、生活上有什么困难，并对他这段时期工作中的亮点表示认可，同时也告诉他季度的绩效考评结果。

2. 判断出胡波其实品质和工作能力还是有的，就是没有很好的工作定位，总想着有一定的人际关系，没有树立良好的工作理念。

3. 季度考评也是一个阶段性的警示，鼓励他在接下来的工作中还是要有所改善，自己也会把一些经验和方法跟他分享。

做法 C：

1. 直接当面沟通告知季度绩效考评结果，制度就是这样，自己也是照章办事。

2. 给胡波讲讲自己这些年在公司的经历，来鼓励一下他，并明确职场上态度不等于结果，再努力最后没有完成任务那可能就是竹篮打水一场空。

3. 所以接下来还是要奔着结果去，让胡波也好好研究一下绩效考评规则，就冲着那个结果去，看看有没有办法在下次考评中能够有所改善。

做法 D：

1. 跟胡波坦言绩效考评本身就不太合理，对于员工的评价存在着一定的盲区，但这就是规则，我们大家都没有办法。

2. 让本次考评出色的员工和胡波结成工作组来帮助胡波。

3. 接下来可能也要安排胡波去参加一些公司组织的培训，来帮助胡波解决问题。

4.其实B类员工才是面谈的重点，接下来跟他们的面谈要因人而异地去处理。

统计表

	A	B	C	D
您的排序				

•20.1 强化理论

美国心理学家斯金纳的强化理论认为，在管理当中我们应该用令人愉快的刺激去强化正当的行为，用令人厌恶的刺激去纠正不正当的行为，这样才会使组织处于一种良性发展的过程当中。

斯金纳以“操作条件反射理论”为基础，着眼于行为的结果。在形成操作条件反射的过程中，个体的行为是主动的，个体为了获得各种奖励或回避不好的刺激，主动地选择自己的行为。无论行为的结果是奖还是罚。行为结果作为一个刺激物对个体都具有强化作用。斯金纳认为行为之所以发生变化，是由于强化作用的结果，人的学习是否成立关键在于强化。当一个操作发生之后，紧接着呈现一个强化刺激时，那么，这个操作的强度（概率）就增加。这里所增加的不是刺激－反应的联结，而是使反应发生的一般倾向性增强，即反应发生的概率增强了。他认为在学习中，练习虽然是重要的，但关键的变量却是强化。练习本身并不提高速率，它只是为进一步强化提供机会。

所谓强化是指加强或削弱人的行为的一种刺激，强化理论是研究行为的结果对动机影响的理论。图例如下：

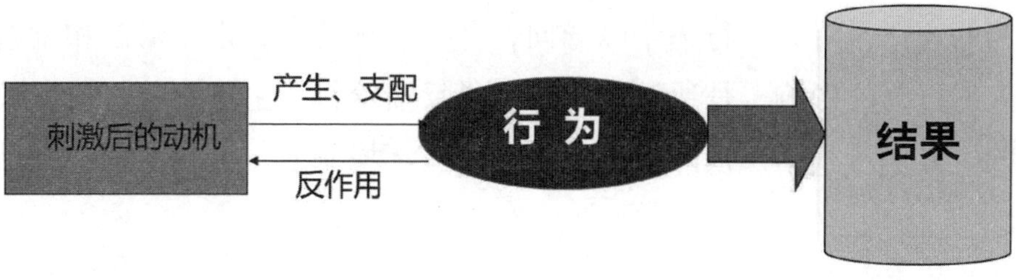

在斯金纳看来，管理就是塑造行为，成功的学习和训练的关键就是分析强化的效果以及设计精密的操纵强化过程。他说：“只要我们安排好一种被称为强化的特殊形式的后果，我们的技术就会容许我们几乎随意地塑造一个有机体的行为。”根据强化的性质和目的可把强化分为正强化和负强化。在管理上，正强化就是奖励那些组织上需要的行为，从而加强这种行为；负强化就是惩罚那些与组织不兼容的行为，从而削弱这种行为。正强化的方法包括奖金、对成绩的认可、表扬、改善工作条件和人际关系、提升、安排担任挑战性的工作、给予学习和成长的机会等。负强化的方法包括批评、处分、降级等，有时不给予奖励或少给奖励也是一种负强化。

强化的具体方式有四种：

1. 正强化。就是奖励那些符合组织目标的行为，以便使这些行为得以进一步的加强、重复出现。

2. 惩罚。当员工出现一些不符合组织目标的行为时，采取惩罚的办法，可以约束这些行为少发生或不再发生。惩罚是力图使所不希望的行为逐渐削弱，甚至完全消失。

3. 负强化。负强化强调的是一种事前的规避。俗语“杀鸡儆猴”形象说明了两者的联系与区别。对出现了违规行为的“鸡”加以惩罚，意欲违规的“猴”会从中深刻地意识到组织规定的存在，从而加强对自己行为的约束。

4. 忽视。就是对已出现的不符合要求的行为进行“冷处理”，达到“无为而治”的效果。

斯金纳的强化理论和弗隆的期望理论都强调行为同其后果之间关系的重要性，但弗隆的期望理论较多地涉及主观判断等内部心理过程，而强化理论只讨论刺激和行为的关系。强化的主要功能，就是按照人的心理过程和行为的规律，对人的行为予以导向，并加以规范、修正、限制和改造。它对人的行为的影响，是通过行为的后果反馈给行为主体这种间接方式来实现的。人们可根据反馈的信息，主动适应环境刺激，不断地调整自己的行为。

• 20.2 负向激励是正向激励最好的补充

如果需要提高经营绩效，管理者就必须对员工施加激励。一般来说，激励机制有两种类型：其一是正向激励，包括奖金、提成、带薪休假、期权等物质奖励以及信任、表扬、提拔等非物质奖励；其二是负向激励，主要包括批评、罚款、降职、解雇等形式。在赛马比赛中，给骏马提供的良好装备属于正向激励，而马鞭击打则属于负向激励。没有负向激励，装备再好的马匹也无法跑出骏马的速度。那么，对于企业而言，哪种激励机制能够更加有效地激励员工呢?

首先，我们根据一个考勤例子来进行分析。为了督促员工正常上下班，企业通常会设计专门的激励机制。其中，正向激励一般是提供全勤奖，而负向激励通常是扣除奖金。为了比较，这里假设组织考虑以下简单形式的激励方式：

正向激励：月基本工资为 5000 元，并对考勤合格的员工奖励 1000 元；

负向激励:月基本工资为6000元,并对考勤不合格的员工处罚金1000元。

在上述两种激励机制下，满勤时的月收入为 6000 元，而存在缺勤时的月收入为 5000 元。从表面上来看，组织采取哪种激励机制对员工来说似乎并没有什么区别，并且组织需要支付给某个员工的工资总额也是一样的。但实际上，两种激励的倾向可能会使得员工在两种激励机制有完全不同的态度。在负向激励下，员工的工资参照点是每月 6000 元（禀赋效应发挥作用），缺勤意味着其遭受每月 1000 元的损失。而在正向激励下，员工的工资参照点为每月 5000 元，满勤时他可以多得到每月 1000 元的收益。

对于缺勤员工而言，在负向激励下损失 1000 元会带来更大的痛苦。于是，负向激励机制更能激励大部分员工按时上下班，这是因为：相比于正向激励下少获得的收益，他们更加厌恶负向激励下遭受的损失。在负向激励下企业以同样的预期成本可能能够达到更好的效果。

除此之外，与正向激励相比，负向激励还具有以下好处：

第一，更能激励企业员工积极发挥主动性。假设企业给期望达到的结果支付最高薪酬，这时正负两种激励机制对员工来说有不同的效果：在正向激励中，员工越接近最好结果意味着收益增加越多；而在负向激励下，员工越接近最好结果意味着损失越少。相比于收益增加部分的减少，大部分员工更加难以接受损失部分的增加。因此，在负向激励下员工更愿意追求最好结果。同时，员工会更有动力发挥自己的聪明才智和主观能动性，以减少损失或者避免遭受更大的损失，并且会更加重视负向激励下能够获得的最高收益。

第二，更能促进企业内部员工之间的竞争。如果企业提供完全标准化的薪酬待遇，则员工之间将不会存在竞争，甚至会竞相采取搭便车行为。因此，必须提供差异化的薪酬，通过影响员工的参照点来激发他们增加努力投入、参与内部竞争。在负向激励机制下，员工所设置的参照点通常会高于正向激励机制下的参照点。因此，与正向激励相比，在负向激励机制下同样的薪酬差异所产生的竞争激励会因为损失厌恶倾向而加大，因而更能够激发员工之间的竞争。

第三，更有助于减少企业员工的败德行为。在考勤例子中，我们已经看到负向激励比正向激励在减少员工缺勤方面更加有效。在正向激励中，员工采取败德行为可能只是减少收益的增量。相反，在负向激励中，败德行为会直接导致员工遭受损失。于是，在负向激励下员工更加难以“接受”自己的败德行为，因为由此遭受的损失可能会远大于得到的收益。因此，在同样的激励程度下，负向激励机制能够更有效地限制员工的败德行为。当机制设计合理时，员工甚至会自发成为自己的监督者。

在同等程度或者相同成本下，负向激励比正向激励更加有效。这是因为，损失厌恶倾向能够放大企业激励机制的刺激作用，并且员工会因为厌恶损失而主动对自己施加约束和激励。同时，在管理中负向激励比正向激励更有必要性。正如骏马故事中所说，没有马鞭的鞭策，装备再好的马匹也不会成为骏马。缺少负向激励，正向激励很难有效发挥作用，尤其是限制员工的败德行为。因此，在需要确保安全生产等场合中，负向激励的效率优势会更加明显。

如果只能使用正负两种激励机制中的一种，那么负向激励对于企业管理者而言无疑是最优选择。而事实上，正向激励和负向激励在企业管理中往往会同时存在，这是因为：光有负向激励的约束和威慑作用，而没有正向激励的鼓励作用，将不利于企业内部团队有效发挥其执行力、从而实现“一加一大于二”的理想结果。也就是说，企业有机配合使用负向激励和正向激励更加容易实现激励机制的预期目标。

负向激励团队矛盾分析

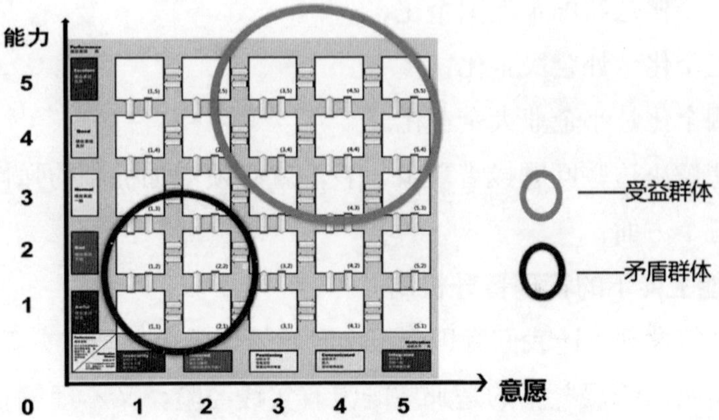

负向激励适用团队类型

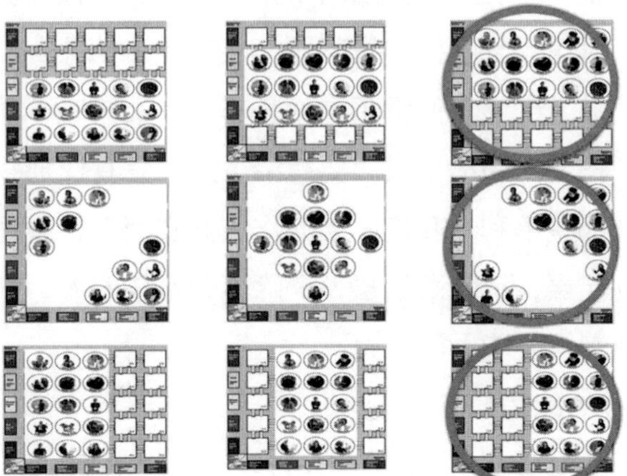

• 20.3 组织必须拥有淘汰机制

当薪酬或回报完全确定时，人们通常只会做好本职工作而不会追求尽善尽美。部分人甚至会出现偷工减料、阳奉阴违、怠惰因循、中饱私囊等败德行为，最终损害企业、组织、机构以及其他个体的利益。一个组织伴随着自身的发展，慢慢地就会累积一些问题，这就是我们所说的机制的退化。机制的退化主要表现为以下的“四化”：

第一个化是民企国企化，

第二个化是新国企老国企化，

第三个化是外企民企化，

第四个化是小企业大企业化。

要想解决这些问题或者现象，我们就必须增加机制的弹性，主要表现在以下的五个方面：

1. 能上能下的管理晋升机制

“彼得原理”让我们意识到很多时候管理者会处于“夹心阶层”的位置，这里的“夹心阶层”指的是那些既没有实践经验，又不理解企业文化，还要把他们安置在较高职位上的人员。“夹心阶层”的存在必然会形成不良文化，这种文化最后将导致公司失败。没有一个很好的干部队伍，一个企业肯定会死亡。干部能上能下一定要成为永恒的制度，成为公司的优良传统。

不能坐下来讨论干部队伍建设问题，应在战争中调整，不合适的就要下去，包括对所有的高级干部，我们都不会姑息养奸，大树底下并不好乘凉。整改干部队伍的目的，是要公司活下去。要想活下去，只有让那些阻碍公司发展的人下去，或者说把那些不利于我们发展的作风彻底消灭，公司才能得以生存。公司一定要铲除沉淀层，铲除落后层，铲除不负责任的人，一定要整饬吏治。干部管理不是终身制，要能上能下。

2. 适者生存的能力培养机制

组织要把确有作为的、确有能力的、确有想法的同志放在合适的管理岗位上，不管他的资历深浅。对于那些有希望的干部转入培训，以便能担负起更大的重任。

所有部门都要在快速发展中调整、巩固、充实、提高。所有的调整都要围绕做事。要把有强烈责任心、使命感，敢于负责，踏实努力，维护公司利益，善于团结同志的干部提上来。把得过且过，不懂原则、钻空子、不做事的干部撤下去，这是动真格的，坚决贯彻淘汰机制。只有把土夯实了，才能大发展。对于一切希望进步的同志，组织要为他们创造一切的机会。

3. 末位淘汰的组织考核机制

末位淘汰最早来源于西点军校，它的目的是用来挤压队伍，激活组织，鼓励先进，鞭策后进，形成选拔领袖的一种方式。

组织要坚持以有效增长、利润、现金流、提高人均效益为起点的考核，凡不能达到公司人均效益提升改进平均线以上的，从员工至各级管理者，要进行问责。

不合格的末位清理绝不能只停留在口头层面，组织必须建立机制打破平均主义、人际关系、稳定思想的禁锢，人力资源、考核机构应该在机制、方法、补偿等方面落实到操作层面。

不合格干部的人员末位淘汰要形成制度和量化的方法，立足于绩效，用数据说话。面向未来，要逐步把不合格干部清理和员工末位淘汰工作融入日常绩效管理工作体系中，以形成一体化的工作模式，而不是独立开展的工作。

真正绝对的公平是没有的，是金子总会发光的，在努力者面前，机会总是均等的，只要你不懈地努力，你的主管会了解你的。要经得起委屈，耐得住寂寞，太阳总会升起，哪怕暂时还在地平线下。

事实上，在组织内部保持适度紧张感和压力，是可以提高组织绩效的。在组织中推行负向激励通常会受到极大的压力，主要来源于那些意愿低、能力差的（1，1）到(2，2）左下角的员工，他们通常会制造极端矛盾，站在团队和组织的角度，管理者必须做好十足的准备，找准矛盾对象，做好应急方案，这样才能让组织永葆活力。

案例21：周末加班

下周的公司总裁会议急需为马总提供新技术研发材料，需要大家加班加点将数据整理出来。而这时团队成员已经因新技术培训和新技术推广忙得疲惫不堪。张伟一方面要满足上司需求，另一方面还要顾及员工们的现状。他如何动员大家周末加班呢?

做法A：

1.张伟得知马总也会加班，就让李娜给马总送一个文件，顺便让她把周末要加班的事告诉马总。

2.和吕丽娟商量怎样整理研发材料最有效率，是否要加班。

3.淡化加班这件事，告诉邓超和丁春梅就这些活儿，早干完早能回家。

4.让李娜在加班后和大家说他准备搞一场团队歌曲录音。

做法B：

1.和大家商量，刚才马总提出下周一总裁会上需要他提供新技术研发材料，看来大家不得不以最快速度将材料整理出来。让大家讨论能有什么方法整理数据最有效也最省时间。

2.在听取大家提出的方法后，征求大家的行动计划：什么人负责做什么事，什么时候完成。

3.如果大家提出需要加班来完成材料整理，接受大家的建议，商量加班时间。

（如果有人提出不加班也能整理完材料，也可以讨论马上着手整理数据，确保万无一失的方法。）

4．提出加班辛苦，所以加班后聚餐犒劳我们自己。

做法C：

1．发邮件给大家说明周末加班的内容和重要性，并说明加班从几点开始，几点结束。并说明了各负其责的每项具体工作内容。

2．为了确保大家沟通无误，张伟在邮件中提醒大家收到邮件后需要回复来确认收到通知。

3．张伟认为这种做法最有工作效率。也可以通过这次邮件指挥，来让大家学会使用邮件系统进行内部沟通。

做法D：

1．先找到吕丽娟谈加班的事。他觉得如果能得到吕丽娟的支持，对大家有带动作用。

2．张伟还会和邓超、王芳谈谈，让他俩理解和愿意周末加班。这样一来，即使有人认为最近太累了，不愿意加班也不会反对。

3．在周末例会上通知大家加班后，他提出请大家加班后去唱卡拉ok。

统计表

	A	B	C	D
您的排序				

• 21.1 公平理论

公平理论由美国心理学家亚当斯在1965年提出来。公平理论是以员工的投入和他获得的报酬相比较，员工在心理上对这种比较的结果加以判断，从而在员工的心理上产生是否公平的感觉。它既包括员工与其他人的比较，也包括员工现在与过去的比较，在一个公平的环境下，可以激励员工的工作积极性。公平理论的三种表现形式：内部公平、外部公平、员工个人公平。

公平理论的基本要点是：人的工作积极性不仅与个人实际报酬多少有关，而且与人们对报酬的分配是否感到公平更为密切。人们总会自觉或不自觉地将自己付出的劳动代价及其所得到的报酬与他人进行比较，并对公平与否做出判断。公平感直接影响员工的工作动机和行为。因此，从某种意义来讲，动机的激发过程实际上是人与人进行比较，做出公平与否的判断，并据以指导行为的过程。

员工的积极性取决于他所感受的分配上的公正程度（即公平感），而员工的公平感取决于一种社会比较或历史比较。所谓社会比较，是指员工对他所获得的报酬（包括物质上的金钱、福利和精神上的受重视程度、表彰奖励等）与自己工作的投入（包括自己受教育的程度、经验、用于工作的时间、精力和其他消耗等）的比值与他人的报酬和投入的比值进行比较。所谓历史比较是指员工对他所获得的报酬与自己工作的投入的比值同自己在历史上某一时期内的这个比值进行比较。

每个人都会自觉或不自觉地进行这种社会比较，同时也要自觉或不自觉地进行历史比较。当员工对自己的报酬做社会比较或历史比较的结果表明收支比率相等时，便会感到受到了公平待遇，因而心理平衡，心情舒畅，工作努力。如果认为收支比率不相等时，便会感到自己受到了不公平的待遇，产生怨恨情绪，影响工作积极性。当认为自己的收支比率过低时，会产生报酬不足的不公平感，比率差距越大，这种感觉越强烈。这时员工就会产生挫折感、义愤感、仇恨心理，甚至产生破坏心理。少数时候，也会因认为自己的收支比率过高，产生不安的感觉或感激心理。

当员工感到不公平时，他可能千方百计进行自我安慰，如通过自我解释，主观上造成一种公平的假象，以减少心理失衡或选择另一种比较基准进行比较，以便获得主观上的公平感；还可能采取行动，改变对方或自己的收支比率，如要求把别人的报酬降下来、增加别人的劳动投入或要求给自己增加报酬、减少劳动投入等；还可能采取发牢骚，讲怪话，消极怠工，制造矛盾或弃职他就等行为。

1. 管理人员应该理解下属对报酬做出公平比较是人的天性，应了解下属对各种报酬的主观感觉。

2. 为了使员工对报酬的分配有客观的感觉，管理人员应该让下属知道分配的标准。

3. 管理人员应准备下属可能因为感到不公平而做出的负面效应。这时应与下属多做沟通，在心理上减轻他们的不公平感觉。

4. 正确诱导，改变认知。公平与不公平来源于个人的感受，易受个人偏见的影响。人们都有一种“看人挑担不吃力”的心理，易过高估计自己的成绩和别人的收入，过低估计别人的绩效和自己的收入，把实际合理的分配看成不合理，把本来公平的差别看成不公平。

• 21.2 参与激励留住和培养更多的优秀员工

我们总是在工作中对于那些刺头员工更为关注，一不小心就忽略了那些最优秀的员工。这些（4，4）到（5，5）右上角的优秀员工是我们工作中的主力干将，我们总希望他们越多越好。在目前的这种状态下，他们的意愿和能力都足够应付现实工作的挑战。事实上，他们都属于高意愿成就者，他们对于未来往往有更多的诉求，例如：金钱、职务、晋升、名誉，等等。目前他们还能够控制自己的工作状态，甚至是奉献的状态。如果他们的期望和诉求始终得不到满足，他们的情绪（意愿）就会出现变化，甚至向零动机、负弱动机和负强动机进行转换。

最开始的时候，他们只是表达抱怨、牢骚和不满，其中一个很重要的目的是希望组织能够认可他们的能力，感谢他们的贡献，从而给他们更多的关怀。如果持续得不到满足，这种状态就会继续恶化，转化为对抗、矛盾甚至是斗争，直至他们离开。

参与激励的目的就是如何留住和激励最优秀的员工。要调动他们的积极性，把客观的需要转化为他们个人的目标，通过自我控制取得成就，允许员工对自己的绩效进行控制。这种员工自身的自我控制意味着更强劲的激励：希望做得最好，而不是过得去就行了。每个人都可以通过比较实际结果和目标来评估自己的绩效，以便主动改进自己的工作，这就是参与管理的本质。

从根本上讲，参与管理的一个重要假设是把管理者的工作由监控下属变成给下属设定客观的标准和目标，让他们靠自己的积极性去实现目标。这些

参与激励团队矛盾分析

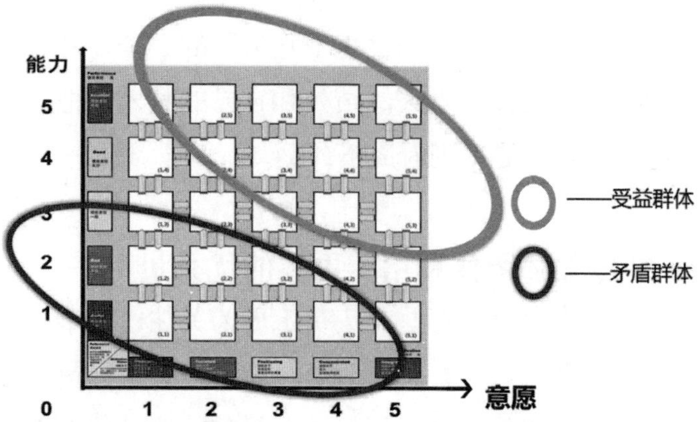

参与激励适用团队类型

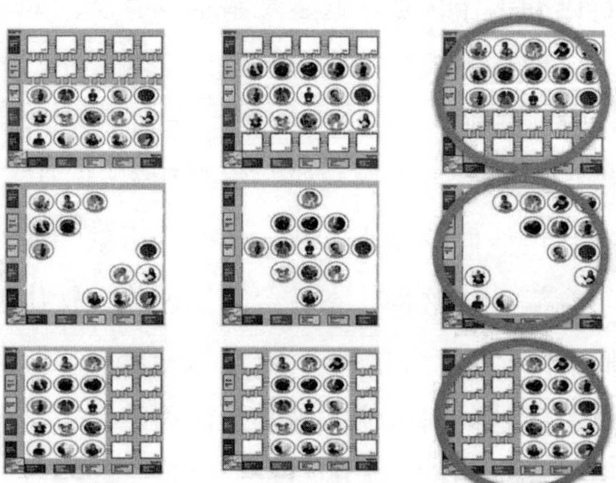

共同的衡量标准，反过来又使得被管理者用目标和自我控制来管理。

参与管理对组织目标进行反复协商和综合平衡，以使所确定的目标更加具有动员性和激励性，更易于实现。参与管理的意义在于，它打破了阻挡在组织与员工之间的樊篱，在组织内部建立起无障碍的沟通和学习机制，激发了员工“主人翁”的主体性和创造精神，增强了组织的活力与动力。

• 21.3 股权制激励的逻辑

宰相必起于州部，猛将必发于卒伍。对于大多数中小企业，培养员工能力和安排工作任务往往是融为一体的，即：在战斗中锻炼，在锻炼中选拔，被选拔就给激励，给激励是为了投入新的战斗。

大浪淘沙始见金。在实践层面，人才队伍往往并不是按照既定的标准选拔并培养出来的，而是在运营过程中，逐步替换掉不适合、能力弱的，将那个时期的相对优秀的人才逐步筛选出来。项目式管理、股权激励、合伙人机制等模式就应运而生。

企业推出股权激励计划时，一般都会充分考虑所有被激励对象之间的相对公平性，包括岗位价值、个人贡献等因素，力争做到一碗水端平。但稍有远见的领导者仍有一个很大的顾虑：激励了核心人员，应该给大多数的非激励对象一个什么样的交代？

企业由于股权资源有限，只能激励少部分核心骨干员工；而很多时候，被选定的有些激励对象和非激励对象之间的岗位价值差别并不是特别大。作为管理者，想以薪酬保密为由避而不谈一定是下策，怎样才能避免他们因“患不均”而心生不满、消极怠工，甚至在企业内形成“股东派”和“雇员派”的博弈甚至分裂的局面？

股权激励要兼顾效率与公平。追求整体的效率需要激发差异化的个体，则必然打破个体在结果上的公平；如果没有公平的机会，又无法激发个体的努力，终将影响整体的效率。管理者必须学会区分两个概念：结果公平与机会公平。

结果公平：强调从社会中得到的“收益”平等；结果公平在开始便决定了

分配的最终结果,公平体现为自上而下的有效配置,决定权在上,下面被动接受。

机会公平：强调社会中所有人都拥有获得成功的平等权利和机会，机会平等给了赶超他人的可能性，不保证结果，公平体现为自下而上的努力去获得，上层只给予机会，自主权在下。

在股权激励过程中，最重要的是创造机会公平，适当兼顾结果公平，这样才能调动大多数人的主观能动性，达到提升整体效率的目标。落实机会公平则需通过顶层设计搭建平台、优化机制，给每个人平等实现理想的机会，激发出大家对未来的憧憬与渴望，才有可能实现有质量的结果公平，否则只能是抱着结果公平的大锅饭一起受穷！

• 21.4 与优秀同行，体验不一样的轮岗

现代管理倡导多元思维和差异化，强调去中心化、破碎性、反正统性、不确定性和非连续性等多元性，鼓励在思想上从多视角来看待问题。很多管理者总是认为股权激励离我们太远，又觉得参与激励的表面形式没有多少用处。事实上，轮岗、换岗都属于参与激励的管理手段。

对于组织而言，轮岗、换岗是一种比较常见的管理举措，也容易实施。轮岗的好处有很多，在这里我们重点论述三个好处。

好处之一，管理者晋级的必然路径

有些人，热切希望当一个管理者，却不想经过有效的历练，更不想去做自己职位之外的事情,还抱怨说公司不培养自己提拔自己,怨天尤人;有些人，认为自己在现有这个岗位上，做得好好的，为什么不直接晋升上一级，而偏偏非要让自己去轮岗，去做自己不熟悉的工作?

事实上轮岗是晋升的必由之路。

无论或明或暗，我们都会发现，那些被提拔起来的管理者，几乎无一例外，都需要在多个岗位上历练，对沟通能力、知识技能和领导力等进行综合磨炼之后，才能够胜任，那些只在一个岗位上任职然后被晋级的管理人员，都或多或少地在很长一段时间无法适应管理者的角色和职责要求，

因为综合能力没有得到应有的锻炼。这也是很多被提拔起来的管理者最终无法胜任、黯然下课的一个深层次原因。

要成为一个优秀管理者，必须首先是一位优秀的多面手，而老死在一个位置上的员工，是无法获得多项技能锻炼的，而轮岗恰恰就是这样一个能够提供不同职责不同机会的制度，让综合能力得以提升，为走向更高一个层级做好准备。对于那些（4，4）到（5，5）的优秀员工正好经过轮岗的历练，为以后组织重用、提拔、晋升做好铺垫。

好处之二，挖掘每一个人的潜能，留住人才

很多人的职业生涯选定了一个职业，固定去工作、实践、成长，可到头来，自己越发展越难办，甚至很多时候都已经倦怠了，认为自己英雄无用武之地，很委屈。每一个人都很难说自己现在的这个岗位就是最适合自己的，也很难说自己的潜能已经得到了有效的挖掘。可是，跳槽或者转行的成本，往往让大家望而却步，毕竟存在很大的风险，毕竟，“选择大于努力”的话，要落到实处，也并非易事。

而组织内部的转岗，是有效解决这一问题的一个途径。每一个员工都有机会去尝试多个不同的岗位，每一个员工都可以拓展自己的职业生涯，给自己更多的选择机会。没有任何一个人是可以一辈子就在一个岗位的，无论是主动的还是被动的，都无法保证，既然如此，那还不如自己主动求变，去挖掘自己的潜能，为自己的升职加薪做好准备。

有的时候这也是管理者的无奈之举，这些优秀的员工表现得非常卓越，受制于机制和奖励，中基层管理者甚至没有资源和机会对他们进行奖励，空洞的承诺是不可能兑现的。如果长久不能满足这些优秀者的诉求，势必会影响他们的意愿（动机），轮岗正好给了管理者一个机会，复制人、复制能力、复制情绪、复制模式，正好可以让这些优秀的员工更容易理解管理者本身的难处，从而延长（5，5）的状态。

好处之三，懂得换位思考，有效促进内部沟通

我们常常遇到的一个现象就是，企业内部，相互之间充满了指责和批评，相互之间不信任不满意，相互之间的沟通成本居高不下，效率低下。

之所以出现这种现象，最根本的还在于不懂得换位思考，信息流动出现了问题。人才的流动与换岗，会带来一种新气象，那就是：信息的有效传递，相互之间多了深层次的了解，哦，原来是这样子，并不是自己原来抱怨和指责的那样。于是，很多问题就迎刃而解了：既降低了部门之间的信息不对称，又容易形成换位思考和全局系统观，打破组织发展障碍，有利于企业内部团结和管理效能提升。

管理者很多时候也不一定能解决问题，但至少要有弱化问题、控制问题的思维和意识。在参与管理中，换岗就是其中一个简单有效的方法。

案例22：学无所用

黄明辉是刚进公司1年的研究生，他的情绪开始低落，觉得自己的专长不能在现在的工作中发挥出来。他在和同事的闲谈中流露出倦怠情绪。工作也不是那么积极主动。这是新入职员工工作一段时间都可能会有的通病。张伟该用什么方式和黄明辉这类员工沟通呢？

做法A：

1. 针对目前部门内的一些负面消息，组织一次部门交流会，希望大家畅所欲言，说出自己目前遇到了什么困难和需要的支持。

2. 针对黄明辉的期望在和其他部门沟通过程中留意可以有用武之地的时候，同时本部门也可以创造一些条件来发挥他的能力。

3. 部门内的高学历人才也不多，平时也要多关注一下他的情绪状态，适时地给予鼓励。

做法 B：

1. 召开部门例会，提出目前市场环境很严峻，大家必须再积极主动一些，否则就要末位淘汰了。

2. 强调部门的士气氛围很重要，暗示黄明辉不要把自己的情绪传递给身边的同事，如果再听到类似的情况发生那就要有所追究了。

3. 自己也看看部门当中有没有一些可以发挥黄明辉作用的事情让他试试。

做法 C：

1. 请黄明辉到咖啡馆坐坐，了解一下他对目前工作的困难以及一些想法和期望。

2. 以自己的亲身经历委婉地表达，学历不等于能力，自己当年也是专业不对口，进入企业还是要更好地适应环境的要求。

3. 员工在这个阶段需要更多的关注和心理按摩，这就是管理者的工作之一。

做法 D：

1. 找黄明辉谈心，听听他的困惑，也问问之前学的最好的是什么方向，一起分析一下学无所用究竟是哪方面原因造成的。

2. 在部门例会上对黄明辉的一些优点巧妙地给予肯定，让黄明辉重拾信心，也希望用荣誉感激发他的责任心。

3. 接下来在具体的工作上会多给黄明辉一些指导，并同时结合部门需求发挥他自身的优势。

统计表

	A	B	C	D
您的排序				

案例23：重焕活力

邓超近来情绪低落，原因是和他一起入职的胡忠强走上了管理岗位，他觉得胡忠强业务能力不如自己，却成了管理者，自己仍然是一名普通员工，所以变得消沉。张伟认为邓超这样下去对完成工作不利、对他自己也不利，但是如何激励他呢？

做法A：

1. 晚上请邓超一起吃饭，在饭桌上安抚一下他的情绪。

2. 说胡忠强的业务能力确实不如邓超，也就是运气好，他到了一个主管刚走的部门，估计时间不长就会出问题的。

3. 答应只要邓超好好支持自己的工作，以后有机会一定会大力推荐。

做法B：

1. 目前自己部门也是刚刚成立，也没有可能会提拔主管，邓超好自为之。

2. 当然鉴于邓超的工作能力，在适当时候会在收入薪资方面向公司申请，能在这方面进行一些弥补。

3. 如果邓超确实执意尝试管理工作，自己也有朋友在其他公司，有机会可以推荐和介绍。

做法C：

1. 跟邓超探讨一下做业务和做管理有什么区别，为何胡忠强会被提拔。

2. 也讲讲自己的工作经历，看看能不能给邓超一些借鉴。

3. 把部门分成两个拟工作小组，让邓超担任其中一个小组的带头人，让他尝试一下做管理的工作。

做法 D：

1. 找邓超谈心，听听他的想法，为何他这么想做管理，真的只是因为胡忠强的被提拔吗。

2. 邓超工作了 4 年了，有没有一个清晰的职业生涯规划，以自己的工作经历和经验帮助他进行一些梳理。

3. 有时候部门有一些公司组织的管理培训名额，优先让邓超前去学习。

4. 答应在今后的一些管理问题解决上，在可以的时候尽量让他介入，实践一下管理工作。

统计表

	A	B	C	D
您的排序				

• 23.1ERG 理论

“ERG”理论是生存——相互关系——成长需要理论的简称，奥尔德弗认为，员工的需要有三类：生存的需要（E）、相互关系的需要（R）和成长发展需要（G）。

ERG 理论认为，各个层级的需要得到的满足越少，越为人们所渴望：较低层次的需要者越是能够得到越多的满足，则较高层次的需要就越渴望得到满足；如果较高层次的需要一再受挫，得不到满足，人们会重新追求较低层次的需要的满足。这一理论不仅提出了需要层次上的满足到上升趋势，而且也指出了挫折到倒退的趋势，这在管理工作中很有启发意义。

奥尔德弗把人的需要归结为以下三类：

1. 生存需要

这是指全部的生理需要和物质需要，如衣、食、住、行等。组织中的报酬，对工作环境和条件的基本要求等，也可以包括在生存需要中。这一类需要大体上和马斯洛的需要层次中的生理需求和安全需求相对应。

2. 相互关系需要

这是指人与人之间的相互关系、联系的需要。这一类需要类似马斯洛需要层次中部分安全需要、全部归属和社交需要以及部分尊重需要。

3. 成长需要

这是指一种要求得到提高和发展的内在欲望，它指人不仅要求充分发挥个人潜能，有所作为和成就，而且还有开发新能力的需要。这一类需要可与马斯洛需要层次中部分尊重需要及整个自我实现的需要相对应。

• 23.2 情感激励是管理的无形之剑

一个人平常表现的工作能力水平与经过激励可能达到的工作能力水平存在着 50% 左右的差异。可见人们的内在潜能是何等之大！这就要求管理者既要抓好各种规范化、制度化的刚性管理，又要注意各种随机性因素，注重感情的投入和交流，注重人际互动关系，充分发挥“情感激励”作用。

管理者在工作中与自己部下的接触是正常的、大量的，这些接触正是于无形中实施“情感激励”的最佳时机：首先，管理者应该调整好自己的心志。管理与被管理只是行政职务和岗位上的分工，上下级在政治上是平等的，没有高低贵贱之分。所以，管理者在下属面前不应有丝毫的优越感和特殊感。考虑到下级可能会产生的心理障碍（譬如在管理者面前的自卑等），管理者在交往中更应该主动、虚心，神情语言要平易、谦和，从这个基点出发，和部下的沟通就会变得朴素自然不着痕迹。

人与人的交往，一要谋求情感方面的交流，二要实现信息方面的沟通。人都是有感情需要的，而下级又特别希望从管理者那里得到尊重和关爱，这种需求得到满足之后，必定会以更大的努力投入工作。上级和下级之同信息的交流，可以增强彼此的信赖感和了解程度，上级体察到了下级的所干所想、才华能力，运筹帷幄时就能够知人善任，人尽其用；下级理解了上级的心理活动，吃透了意图，干起工作来就会得心应手、事半功倍。

做好感情激励，能够减少企业员工的流动，降低企业的人力成本；能够调动员工的工作积极性，增强企业的凝聚力，从而增强企业的竞争力。因此，感情投资是必需的。学会“创造感动”，对事业兴旺发达有裨益。要尽可能多的让员工感受到真情，感受到企业对他们的关爱。因为客户的感动都是由

情感激励团队矛盾分析

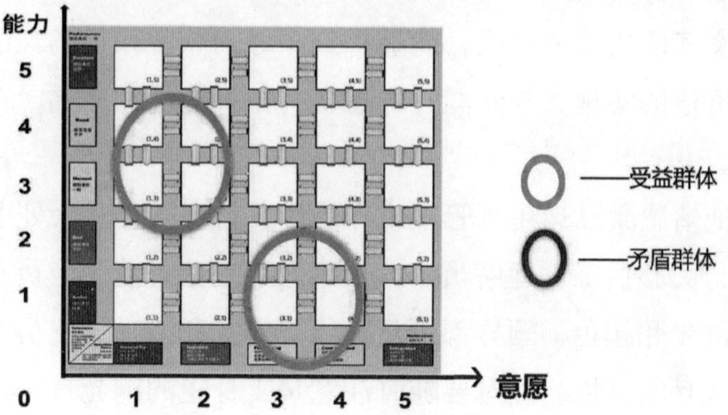

情感激励适用团队类型

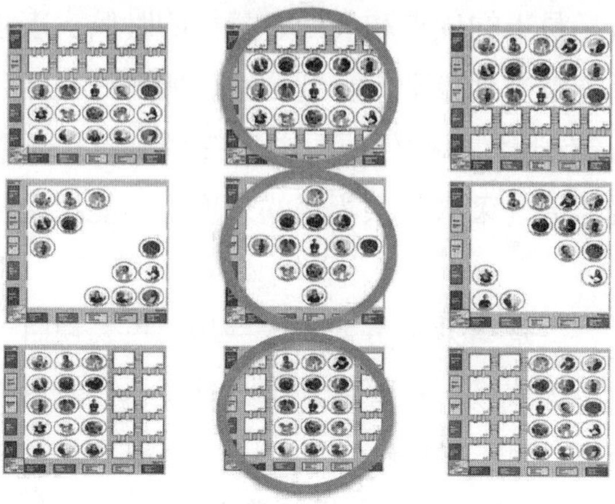

员工创造出口来的，所以，只有先感动了员工才能感动客户，在“创造感动”中创造效益，才会在激烈的市场竞争中稳操胜券。

• 23.3 情感激励的三种策略

作为企业的中基层管理者，把情感激励运用于管理工作，这是提高领导艺术和水平的一个重要标志。但是这个前提是要坚持以人为本，用欣赏的眼光看待员工，最终目的就是为了促进人的全面发展。员工的士气是需要激励的，而欣赏和赞扬就是最好的情感激励。当一个人在平时的良好表现和工作中取得了突出的成绩的时候，能够得到领导的欣赏和赞扬，他就会深深地感受到自我价值的实现。与此同时，还会有一种愉悦和幸福，在精神上获得最大的满足。

想要把情感激励运用到管理工作当中，就必须要从大处着眼，时时处处尊重员工、关心员工、理解员工。于细微之处见真情。当员工在工作上哪怕有点滴的进步和起色，领导都要及时给予肯定和鼓励，使员工在微小的进步中体验到成功的喜悦。同时要随时注意员工身上的闪光点，这样才能使员工保持上进心。

管理者提高管理艺术，具体就是要嘴巴甜一些，说话艺术一些，行动快一些。嘴巴甜一些并不是吹捧，而是用欣赏的眼光看待员工，同时注意包容员工的短处，多赞扬员工的优点和长处。赞扬的时候实事求是、不夸张也不溢美，让员工听后能够受到激励，受到启迪。所谓的说话艺术，就是指在赞扬员工时，说话要富有幽默感和感染力，让员工能够铭记于心。在批评员工时，要注意分析主客观原因，采取与人为善的态度，不能用挖苦和过激的词语，要掌握分寸。

而行动快一些，就是当见到员工的优点和出色表现时，不要等到半年之后或者很长时间之后才表扬，最好就是当时就说、当时就鼓励，即使因为某种原因不便当场赞扬，也不能拖延过久，以免让赞赏失去了原本的价值。

说到这里，我们发现当一个中基层管理者实在是太累了、太难了又太烦了。团队成员渴望我们对谁都好，而我们又没有足够的精力，即使每个人都渴望被尊重、被关怀、被鼓励，等等。唯一值得庆幸的是情感激励的副作用是左右管理行为中最小的。

这时候管理者就要想在这个团队中，谁最需要关注？或者说我们对谁的关注对于团队和组织最重要。我们将（1，5）和（5，1）员工用一条线连在一起，我们给这条线起了一个名字叫作平均线。我们发现了这样两个区域，一个是平均线左下角的区域，核心人物是（1，3）、（1，4）和（2，3）员工，另外一个区域是平均线右下角的区域，核心人物是（3，1）、（4，1）和（3，2）员工。这两个区域以这六种状态工作的团队成员，只要出现些许的偏差，这些人一旦向左、向下转换，进入到左下角的区域，所有管理行为的有效性就会大打折扣，事实上，我们对于他们已经没有太好的方法了，也就是说我们救不了他们了。

这些员工在现在的状态中，我们还有机会，至少我们还有对话的语言、机会和共同点，更容易利用人际的、表象的、语言的、情感的方式进行沟通，化解矛盾，管理最终的目的不是为了淘汰谁，事实上管理者的目的是让更多的人陪同我们一起前行。

在这种情况下，情感激励就变得更加具象了，你可以在以下三种模式进行调整。

第一、真诚管理

美国小说家约翰·巴思（John Bar）曾这样写道："你经历的人生不是你的人生，而是你体会到的人生。"换句话说，你生命中发生的具体事件并不那么重要，重要的是你如何描述自己的人生历程。那些描述会在你的大脑中一遍遍回放，让你反复回想极具意义的事件和与人交往的经历。你试图理解其中的意义，从而找到自己在这个世界中的位置。

如果你不能坚持自我，你就会被所处的环境改造。而要做到这一点，你必须进行理性的选择。有时这种选择会很困难，很容易犯错。真诚拥有情感激励中最大的力量。

管理者以稳定而自信的形象示人，他们不会今天一个样、明天一个样。保持真诚如一的形象需要自律，尤其是在面对压力的时候。因为越是在这种时候，人越不容易克制自己，越容易犯老毛病。

管理下属是一项充满压力的工作。你要对你的下属、组织和工作结果负责，还要应对工作环境中出现的各种不确定情况，不可能不承受压力。地位越高，控制个人命运的自由度就越大，但压力也越大。问题不是你能否逃避压力，而是你如何控制压力，维持生活的平衡感。

引领人心，有人心，才能众志成城，才有结果的持续达成和组织的基业长青，才有个人与组织的不断超越。成就事，成就人，需要管理者的高贵品格。管理者，面临着各种挑战的同时，也面对着各种诱惑。权力、金钱、声望、掌控、关系……成就带来的信心是转化成保持清醒头脑和自我认知的内在力量，还是转化成唯我独尊的自我膨胀，是每个管理者要问自己的问题。

“一个人要想成为真诚的管理者，就必须能屈能伸，以适应形势需要和团队成员的能力水平。……有些时候，真诚必须做出一些非常艰难的决策，如迫于形势而不得不采取裁员和力排众议的行动，但是同时还要保持真诚。”

工作上，我们讲“对事不对人”，我们又不断慨叹“人心即江湖”；我们在意结果在意“事”，事情又倚赖于人去完成，我们在事和人之间不断切换；我们谈愿景，谈目标，而目标和愿景背后的意义又都与人有关；管理者，领导自己、领导他人、领导团队，终究绕不开人性，免不了“柔情”。管理者若要激发人，引领人心，不光要看到人的能力、素质、知识、品格，还要看到自己和他人的人性需求。

第二、感情投资

员工的能力不可能一下子全部发挥出来，而是需要一个循序渐进的过程，这一过程能否出现，取决于管理者有没有对他们进行卓有成效的感情投资，一个人不仅仅是围绕着物质利益而生活，员工也不仅仅是为了金钱而工作。人有精神需求，又有相互交流感情的需要，这一点在中国人身上尤为明显。就领导而言，要充分发挥下属的能力和作用，要让下属尽职尽责，对下属进行感情投资是必不可少的。

1. 发自内心的尊重员工，在不同的场合，用书面或口头方式赞美你的员工。

2. 抽些时间和员工坐在一起聊天，借此与他们建立良好的关系，关心员工的感受和情绪。

3. 给予员工竭尽所能、力争上游的机会。

4. 和员工讨论他们培训或晋升的计划，更重要的是你要尽心给他们这种机会以满足他们的期望，不能只是说说而已。

5. 鼓励员工和你讨论他们的职业理想或人生目标，并激励他们为理想而努力。

第三、宽容欣赏

宽容是一种很好的用人之道，使用得当就能够起到很好的激励效果。作为一名企业的管理者，必须要能站得高、看得远、想得开；要从大局出发，从发展的角度考虑问题；要用宽容的胸怀对待下属，给下属更多的赞美和鼓励，只有宽容才会让员工更有信心。

1. 领导不能对员工鸡蛋里挑骨头。

2. 对下属大声赞美，轻声责备。

3. 领导不要期望你的下属能和你一样。

4. 要学会换位思考。

5. 不要对反对自己的人“怀恨在心”。

● 团队管理的三大视角

如何成为卓越的管理者，如何建立和领导一支优秀的团队，管理者必须在试错和纠正中不断前进，慢慢靠近正确的方向。对于管理者来说我们的诉求有很多，我们必须明确你的定位点，同时要面对外界的各种压力和诱惑。管理者必须不断清晰和明确自己的目标，并通过变革以保证他们的策略能够得以实现。

要真正使团队“建立信任，共同承诺，高效沟通，紧密协同，达成目标”

事实上也不是一件容易的事情。团队管理的对象是“人”。个人之间的竞争不仅会破坏团队内的工作氛围，也可能会让团队的成长战略化为泡影。管好了人，人便成了企业的重要资源；管不好人，人便成了企业的祸乱之源。让人与人之间团结互助减少内耗，这便是提高企业效率的手段。

团队管理的首要视角即第一个视角：目标视角。一个团队没有了目标，就像一群无头苍蝇，很难体现出组织中的价值。所以，管理者一定要在带领团队的过程中坚持以目标为导向。我们通常所说的SMART是说给团队成员听的，而真正的目标是团队业绩、团队士气和人际关系。前两个目标往往是显性目标，而人际关系是隐性目标，往往不为人所知。

不同的目标所带来的管理行为是不一样的，很多时候管理者的痛苦就在于他并不清晰，是什么样的动作带来的这些结果，或者说为了实现某个目标应该做什么样的动作。这就容易出现组织本身希望得到的是业绩指标，而管理者做的是人际指标，又或者将三者混为一谈。在业绩、士气、人际之间真正做选择、做取舍之后，管理者才能保证管理行为和我们的结果能有效地对应。

团队管理的第二个视角：团队视角。要想打造一个高绩效的团队，我们都必须问问自己我要打造的高绩效团队是个什么样子的！我们将团队分成了高绩效团队、稳定绩效团队和低绩效团队。每一种模式我们又细分成了三种类型，分别对应着高能力团队、高意愿团队、精英化团队；中庸式团队、家庭式团队、无为团队；低能力团队、低意愿团队、分裂式团队。目前的团队成员每一个人都处于什么位置，该如何给团队做一个准确的画像，不同的人有不同的天赋，不同的状态，不同的天性，展现出不同的思考方式和行为方式，由各色的人就组合成了你现在的团队。

你的团队现在是哪一类型的团队？这种类型的团队都有什么优点，当然很可能管理者已经忽略甚至忘记了自己的优势。目前的这个团队存在的问题和出现的矛盾是否符合这种团队类型？在不久的未来，管理者希望将团队打造成什么类型？目前的状态与未来的团队类型还有几步的距离？管理者如何规划你的路线保证团队能有效地成长和转化。

衡量团队状态一般采用专家测量的方法，由自己给团队画像，由相关的部门中选一个相对熟悉的领导给团队画像，选择部门中的个别下属给团队画像，最终将三幅图合并在一起，一般情况下由沟通协商做出判断。当然，也可以优先按照相对较差的团队状态给员工定位，这样更容易显示我们的差距，对于后面管理行为的确定反而会有帮助。

我们要到哪里去，目标清楚了！和谁去，团队类型和路线清楚了，就剩下最后一个问题怎么去了。

团队管理的第三个视角就是矛盾视角。组织发展过程中存在矛盾，矛盾又给团队发展带来动力。团队在不同的发展阶段都有其主要矛盾，管理行为及管理理论的任务，矛盾思维就是要解决与缓和这些矛盾。解决矛盾的同时就是制造矛盾，如果管理者不对矛盾的本质及其规律有一个清醒的理解，势必会产生方法和心态上的问题。在团队管理中，你希望突出单兵能力还是塑造团队配合；你希望是权威型领导还是民主型领导；你希望是硬性指标还是柔性考核，等等。

对于员工而言在看待这些管理行为的时候，就会产生认知“偏见”。有的人对于某些管理行为是认同赞赏的，同样的管理行为有些人就会觉得过于严厉或者过于人性了，甚至觉得是不得当、错误的。

引入矛盾的概念，管理者在履行管理职责的过程中，就会降低刚性的判断，反而在复合性和平衡性上能有效地综合。管理者的管理行为必须要锁定矛盾群体，减少矛盾群体，扩大受益群体。只有这样，我们的管理行为才会得到下属更多的支持，更容易落地执行。

冲突和矛盾是管理者工作中的一部分，虽然常常让管理者感到不自在和压力，对于团队本身而言，却是健康发展的规律。培养管理者的预见能力、洞察能力、调整能力和人际控制能力，才能实现组织、管理者和员工的多赢。

• 团队管理的四大步骤

团队管理是一系列行为的组合，是各种能力的综合体现，他要面对目标、人员、资源、技术、方法等所有的因素影响，管理者就必须用辩证的、连续的、发展的眼光，团队管理本身有问题不可怕，关键的核心在于你能预知矛盾，分析风险，掌控结果。

边长相等的情况，什么图形的面积最大？答案是明确的：圆。圆，不仅面积最大，同时也是在所有图形中最灵活、功能最强的图形。它移动最为灵活，圆心的存在让它可以随时滚动起来。圆心，到周边的每个点都是等距的，保证了它的快速反应，同时保证了它的公正与对等。当然意味着所有的要素和圆心都是最紧密地联系在一起的。

圆心是无形的，但却深深地影响着周边的每一个点，对每一个点都同等对待与反应。团队是建立在组织之上的，使组织效率最大化即是团队的作用，团队建设的过程中，要体现出“圆”的特点。

1. 目标共识：我们要干什么？我们要干到什么程度，如果可以将你所有的任务都明确地写出来，很快你就可以用RMCS模型的要素加以分析和权重。如果目标中显性的量化指标最明显，意味着团队业绩优先，物质激励在这个团队中会起到相当大的作用。当然分析之后，我们发现可能人际、关系、满意度、过程、能力、标准、安全等目标很重要，这就说明非物质七种管理方法就会发挥更大的作用。在明确每个任务在组织目标的作用与要求后，不偏离，我们团队管理的方法和组合的方式就出来了，事实上，管理方法的有效性是分析出来的！

2. 团队状态：我们在和谁在一起？我们该去向何方？路径怎么选择？团队一共有九种状态，明确目前的状态，规划未来的状态，如何使组织中人人都发挥出自己最大的力量的同时也使组织的力量最大化，这是建设好团队的关键。团队要求人尽其能、人尽其责。在团队建设过程中，要进行人力资源的盘点，什么人适合什么工作岗位，做到人岗高度匹配。不同的角色选定不同的人员来担任，为了团队的发展，成员必须随时接受来自团队的合理安排与调配。当组织中原有人员不适合团队发展之需时，团队会考虑从社会或其他组织中抽调合适的人选，体现了依岗定员的原则。

3. 管理方法：我们应该怎么干？什么方法才是最有效的？如何组合与选择？管理者必须始终保持头脑清醒，为了让自己的工作不偏离最初的方向，在目标共识和团队状态清晰的前提下，我们明确组织的主导管理方式，很多时候，中基层管理者是无法影响和改变主导的管理模式的。我们能做到的就是找到矛盾、不足的地方，弱化组织矛盾，对比团队的实际工作情况设计辅助的管理方法，考虑并验证其是否具有可行性；直到找到最切合实际也最容易实现的管理行为，再将其具体细化，以方便落地执行。

4. 行为转换：我们现在都面对哪些矛盾？过程中还有多少风险？管理者如果在执行活动方案的过程中，发现取得的业绩暂时不够理想，就应当进行思考和调查，以找出各种内在和外在的阻碍，并清除影响业绩产生的瓶颈和障碍。如果是团队内部消极怠工、牢骚满腹、工作不积极等原因造成业绩低下，管理者不妨从普及价值观上去引导，向队员们陈述“做与不做”的利害关系；从全员、部门和相关行业上去动员，让大家从内心深处产生危机感，从而明确自己的责任，转变工作态度。如果此举还不奏效，管理者要考虑大换血，淘汰一批负面影响严重的旧成员，引进更有活力和干劲儿的新成员，并让骨干成员发挥带头模范作用，使得整个团队重新焕发出生机和活力。我们必须跳出理论的限制，依团队的发展要求与过程，在实践中将理论渐渐变成切实可行的行为。在实践的过程中再完善理论，形成自己团队独有一套理论与实践配合的特色。

创造业绩永远是团队管理的目标，管理者要时刻以业绩为己任，做好让团队持续进步的规划，永远不能停止创新进取的脚步。管理者要发挥主动性和能动性，面对环境变化及时做出安排、规划以及建构，以提升产品和服务的品质，同时尽力降低成本，组织团队上下齐心协力，开创出一片卓越的领域。

第五章 超越管理

在巨变的时代，机会是无限的，挑战同样是无穷的。管理者的成长必须经历“熔炉”的锤炼，能力不是天生的，而是后天塑造的。问题会让管理者变得更强壮、更坚韧，不管考验多么残酷，管理者要变得更乐观、更开放！

塑造自己的英雄之旅

在生命中积极寻找自我，活出自我！

当你被称之为是管理者的那一刻，属于你的“英雄之旅”就已经开始了。这段旅程并不意味着你一定会成为一个“大英雄”，事实上你已经获得了召唤，承诺召唤会提升你超越现有的能力界限和门槛，超越已有的世界地图，跨越门槛会迫使我们走入我们原有舒适区外未知的生命领域。

在这段旅程的某个层面，你是独自一人的，没有人能替代你去体验。而在另一个层面，你一直得到很多积极正面的帮助，其中有些你甚至根本没意识到它们的存在。

在跨越门槛时你可能有抗拒，当然有抗拒是很自然的。这通常充满困难和冒险。如果试图拒绝或忽视组织召唤，往往导致工作中的问题加剧，造成团队不能忽视的危机。你要经历蛮长一段时间的黑暗期，有很多挫折、很多的自我否定、很多的能量低落，你要不断地冒险和尝试，这是摆脱困境的一种路径。

组织的问题、失败的痛苦、竞争的加剧，逼迫你的成长和进化，并要求你要找到支持和守护者。你现在已经“别无退路”，一旦跨越出去，就不能回到过去的习惯里。你必须朝着未知前进。

你必须找到属于你的“守护者”。“守护者”是你成长路径中关键的节点。这种关系、人际和情感让你的技能得以释放，建立信心，忘记恐惧，相信自己并专注在组织的目标上。即便英雄之旅是独一无二的个人旅程，其实你本身并不孤单。

因为面对的领域对你来说是全新的，你不知道需要什么类型的守护者或谁会是守护者。有时候，守护者会出现在意想不到的地方，因此你必须在英雄之旅的每一步中保持敞开和允许接受引导得到支持。

接下来的路就只能靠你自己了！你必须面对这些恶魔或者困境，你会被打败会受伤，你可能也会获胜或成功，每一次的经历都有助你修炼好武功。你必须学会处理出现的各种复杂状况、未知以及阻抗。这是你能力必须成长的部分，由此才能发展不可或缺的灵活性和胜任力，你的知识、经验和创造力得到最大化的发挥。

我相信最终你会克服各种障碍，降服恶魔，凯旋，当你看到你熟悉的指导者、同行者与跟随者，去传递这些特殊的体验，这就是一个属于你的英雄之旅。

每一段英雄之旅都是一段学习和自我蜕变的过程，帮助你成功的是信念、能力、行为技巧和你的一切经历。

给管理者做一次总体检——问题的答案

一直以来，组织都在寻找那些有激情的、与企业价值观一致，既能够与同事融洽相处又能带领团队完成业绩的优秀管理者。要胜任管理岗位，业务能力和团队业绩并非唯一决定因素，个性、人际也相当重要。即使你已经拥有了丰富的管理经验，光靠自我的直觉事实上也很难评估自己真实的管理水准。

《案说管理》这本书给了大家一次机会，在每位“管理者”完成书籍当中这 23 个案例的过程中，你看待矛盾的视角，思考问题的方式，解决问题的技巧都会不经意地展现出来，于是我们就有机会对于管理者这些细分的维度加以展开分析，从而为每一个管理者做一幅“自画像”。

很多人很关心到底我们给出的“答案”会是什么？本书的编辑初衷是让大家更形象、更生动、更具象地了解管理的本质。书中的案例来源于 2000 年至 2015 年中对于中国的 357 家国企、央企、民企、私企的调研，受访者都是这些企业和组织的中高层管理者，让他们在相同的背景下来完成选择，并针对他们的结果进行了统计。这就是“标准”答案的来源，本身这些答案都是基于统计学的原理得到的，本身就带有组织、高层的倾向。我认为，如果大家的答案与所谓的标准答案一致，这就说明我们更容易与组织、中高层领导者达成一致的观点，在实际工作中，我们就更容易有效地协同工作。

“一切都是命运，一切都是烟云，一切都是没有结局的开始，一切都是稍纵即逝的追寻。”这是北岛的一首诗《一切》。

这里我们更多反映出来的是管理的趋势和对于某些问题常规的做法，在实际工作中还会受到很多因素的制约，我更希望的是我们给每一个管理者看待问题、矛盾和困难的不一样的视角、思路和可能性，让大家变得更全面、更系统、更富有弹性，少犯错误对于管理者而言就是一项巨大的进步。

“答案”到底在哪里？我最佳的建议，在看书的过程中，每看到一个案例，自己先给这个案例做一个“打分”，看完内容之后，自己再次给这个案例“打分”，看看两次的打分是否一致，为什么会出现偏差。如果你真的想找到答案，您可以以“付费”去索取答案。关注下文的二维码，付出你的代价，你可以找到自己想要的答案。如果你愿意给自己一个直面自己的机会，看一看究竟自己的管理能力在一个什么样的水平，你可以将自己每一道题的原始选择发给我们，我们会为你出一份全面的体检报告。

您愿意为自己做一次总体检吗？请添加关注微信公众号“bangbo 828 ”，进入测评中心，打开“案说管理”测试，发送您的选择，您将看到现在真实的你！如有疑问或其他问题请发送邮件到邮箱 2411827368@qq.com。